ヌプルペッ

〜登別川の地名由来〜

目 次

アイヌ語地名への誘い（いざな）

①川口周辺 ……………………………………… 15

②新登別大橋周辺 ……………………………… 29

③地獄谷周辺 …………………………………… 39

アイヌ語地名への誘い

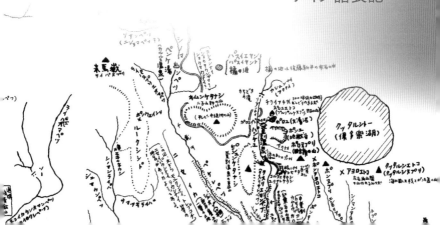

登別川の源流をたどる

　2020年7月に北海道白老町にウポポイ（民族共生象徴空間）が開園し、アイヌ文化への注目が集まり、アイヌ刺しゅうや古式舞踊などに触れる機会が増えた。しかし、アイヌ語となるとなかなか敷居が高く、とっつきづらいものだ。

　白老町の隣にある登別市は、3人の著名なアイヌを輩出した町である。『アイヌ神謡集』で有名な知里幸恵、ユカㇻなどを書き残した金成マツ、そして『分類アイヌ語辞典』などの研究書を残したアイヌ語学者の知里真志保である。いずれも、アイヌ語にこだわった3人であり、アイヌ語を後世に残したいという思いであった。言葉には言霊があり、話し手の思いが詰まっている。アイヌ語は、ユネスコが指定した世界の危機的言語であり、現在日常会話で使われることはない。ましてや、一般の人がアイヌ語を体験することは難しい。

　しかし、各単語の語源を知ることで、日本語との共通点や違いを理解することが出来る。例えば、日本語の「着物」をアイヌ語で「アミㇷ゚（amip）」というが、「ア（a）」は「人が」、「ミ（mi）」は「着る」、「ㇷ゚（p）」は「もの」を表し、「人が着るもの」の意味になり、「着物」と訳される。このように、分解するとその単語の成り立ちが分かって楽しく理解出来る。知里真志保のアイヌ語地名解の面白さはそこにある。北海道にはアイヌ語地名が数多く残っており、それらの意味を知ると郷土への思いも違ってくる。

　さて、「登別」という地名は、「濁った川」を意味する「ヌプルペッ（nupur-pet）」というアイヌ語が由来である。知里真志保は、「ヌプル」は神様や巫女の「霊力のある、巫力のある」という意味であるが、

それが「強い、どぎつい」といった感じを表し、色とか食物の味等が「濃い」意味に使われるようになったと説いている。また、川というものは海から陸へ上がって山の方へ入っていく生き物だと考えられていたとも説いている。

　登別駅裏の丘フンペサパ（鯨の頭）の横から陸に上がった登別川は、登別小学校の横を通り山の方に入っていき、新登別大橋付近で二つに分岐する。一方は透明な流れのペケレペッ（綺麗な川）となってカルルス温泉に向かい、もう一方は、濁った流れのクスリエサンペッ（薬がそこを下る川）となり、紅葉大橋の下をくぐって登別温泉街に向かう。さらに、分岐を繰り返しながら最後はユエサンペッ（お湯がそこを下る川）となって、源流の一つであるポロユ（大きい温泉＝大湯沼）に到達する。大湯沼から流れ出る高濃度でネズミ色の温泉水は、強烈な硫黄のにおいともうもうたる湯気を伴って沢を流れ下っており、この様子を見た知里真志保は「これぞ、ヌプルだ」と地名研究仲間の山田秀三（北海道曹達株式会社の初代社長）に語ったという。

　登別川の源頭は、登別川の行き着く先を意味する「ヌプルペッエトコ」でオロフレ峠付近のことである。しかし、「濁った」という意味の「ヌプル」を生み出しているのは「ポロユ」の大湯沼と「ポンユ」の地獄谷である。この大湯沼と地獄谷こそ、意味の上での登別川の源頭である。

　是非、本書を片手に「登別川の源流をたどって」みてはいかがであろうか。帰りには、霊力の強い登別自慢のお湯につかってほしいものである。

知里真志保（以下、知里）[注1]の地名研究の特徴は、単に由来を説明するだけでなく、その地名発生の背景に言及しているところである。1956年に出版された『アイヌ語入門－とくに地名研究者のために－』（以下『アイヌ語入門』の「第3章 古代人のこころ」）で、次のように述べている。

頂上が屋根の形をしている。
ニセコにあるチセヌプリ

――地名解釈には、その他に方言や特殊語に対する知識も必要だし、あるいは古い時代のアイヌの暮し方や物の考え方などについても、一応は知っておくことが望ましいのである。

たとえば、「チセ・ネ・シル」[注2] (chisé-ne-sir)という地名が（中略）どちらも「家・のような・山」と訳すことができる。しかし、「家のような山」と訳したものが、実際に見れば、ちっとも家に似ていない。今の家の屋根だけを地上に置いたような三角山なのである。それによってわれわれはこの種の地名が古く穴屋生活をしていた時代の人々によって名づけられたものであることが分かるのである。――[1]

壁がある近代のチセ。
ユーカラの里

右の写真のように比べると、なるほどと思える。実際に地名の場所に行くことでアイヌ語地名の意味を実感できる。

屋根のみの竪穴式住居。
伊達市北黄金貝塚

知里は、同書で次のようにも述べている。

──もう一つ、川について注意すべきことは、川は海から陸へ上って、村のそばを通って、山の奥へ入りこんて行く生物だということである。

　われわれの考え方からすれば、川は山に発して海に入るものであるが、アイヌの古い考え方に従えば、それとは全く反対に、川は海から発して山へ行く者なのてある。

　アイヌ語の地名に、「オまンペッ」(omán-pet「山奥へ行っている川」)、「しノマンペッ」(<śino-oman-pet「ずうっと山奥へ行っている川」)、「リこマペッ」(rik-oma-pet「高い所に登って行っている川」) などとあるのは、そういう古い考え方を示しているのである。

　われわれが川の出発点と考えて、「水源」「みなもと」と名づけているものを、アイヌは川の帰着点と考えて、「ぺてトク」(pet-etok「川の行く先」)、あるいは「ペッキタィ(pét-kitay「川の頭のてっぺん」) と名づけている。

　また、われわれが川の合流する所を落合と名づけているのに対して、アイヌは「ぺてウコピ」(<pet-e-uko-opi-i「川が・そこで・互に・別れて行く・所」) と名づけているのも、そういう古い考え方のあらわれである。──[2]

　登別川のそばに知里の生家があり、子供時代に遊んだ場所であり、1943年に樺太庁豊原高等女学校を辞して登別に戻ってから1950年に札幌の大学村に転居するまでを過ごした場所である。まさに登別川の様子を表しており、『アイヌ語入門』の構想を練ったのでないかと思えるのである。

(注1)　本書『ヌプルペッ ～登別川の地名由来～』は知里真志保の著作を中心に紹介するため「知里」は「知里真志保」のことである。同姓の場合は、その都度姓名を表記する。
(注2)　『アイヌ語入門』では、アクセントの位置をひらがなにして表記している。

『幌別町のアイヌ語地名』

　本書『ヌプルペッ ～登別川の地名由来～』は、1958年に刊行された『幌別町のアイヌ語地名　地名の由来・伝説と地図』(以下『幌別町のアイヌ語地名』)に掲載された地名のうちの一部を写真と文で紹介するものである。

　『幌別町のアイヌ語地名』は、北海道大学北方文化研究所の研究報告『北方文化研究報告』第13集に「幌別町のアイヌ語地名」として発表した論文であったが、上記報告書のうちの著者分だけの抜き刷りに赤い表紙をつけて増刷したものである。増刷の主旨「本書の調査は、北海道大学の北方文化研究報告に載せたものであるが同報告を見られるのは、概ね専門家の範囲に限られるので、多数同好者のために、特に許しを得てこれを印刷した。」という記述が中表紙に印刷されている。

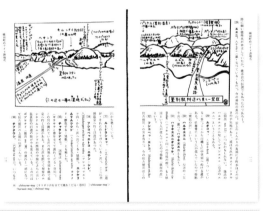

知里が主に本文担当、山田が主に挿絵と地図を担当。
『幌別町のアイヌ語地名』p.12～13

同書には、「幌別町旧地名図」と「登別駅附近説明図」の2枚の地図が巻末に添付されている。本文は主に知里が書き、挿絵と地図は山田が作成した。山田は、絵画や陶芸も趣味としており、地図も正確なだけではなく、白地図にもかかわらず立体感を伴っている。本書で指し示している地名の位置は、知里の表現と山田の地図を基にしたものである。本書が指し示す地名の位置は、同書の本文と地図から推測して指し示した。

　同書は、1979年に再版されることになり、山田は再版に賛同し、折角だからと調査当時の様子や新たに判明したことなどを『室蘭・登別のアイヌ地名を尋ねて』（以下『アイヌ地名を尋ねて』）として書き下ろした。『幌別町のアイヌ語地名』と『室蘭市のアイヌ語地名』を3冊セットにし、『室蘭・登別のアイヌ語地名』として出版した。本書では、これも主な参考文献としている。

　さらに、知里真志保を語る会が、2004年11月に復刻した。

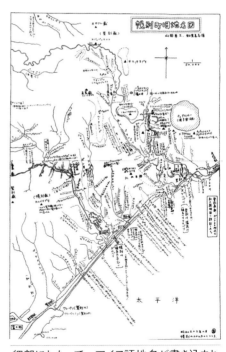

細部にわたって、アイヌ語地名が書き込まれている。「幌別町旧地名図」山田秀三作[3]

本書の見方

　登別川の地名由来を「①川口周辺」「②新登別大橋周辺」「③地獄谷周辺」「④大湯沼周辺」「⑤カルルス温泉周辺」の5カ所のポイントに分けて紹介する。次に、登別駅から登別温泉に向かう道道洞爺湖登別線沿いを流れている「⑥ポンアヨロ川筋」のアイヌ語地名について紹介する。その後に、知里真志保や知里幸恵、金成マツに関わる施設等についてを、「⑦知里真志保を育んだ地」として紹介する。

　また、知里真志保や関係する人々の略歴と著作については写真を用いて説明する。

　アイヌ語地名は、現地を見ることでその由来を実感できるものである。登別は、温泉はもとより自然も豊かであるので、本書を片手に木々が発するさわやかな酸素を浴びつつ、アイヌ語地名の意味合いを感じながら散策し、「霊力の強い」温泉に足を浸して日々の疲れを癒やしてはいかがであろうか。

該当のアイヌ語地名
カタカナ表記
ローマ字表記
（アクセント記号を
　　　　　付した）

該当のアイヌ語地名の写真。
矢印は、上流へ向かっている。

アイヌ語表記

　アイヌ語には「美しい」を表す「ピリカ」の「リ」のように小文字で表す単語が多く見られる。ローマ字では「pirka」の「r」に相当する音節であり、直前の母音（ア、イ、ウ、エ、オ）により、「ラ」「リ」「ル」「レ」「ロ」と表記される。また、その他「k」→「ク」、「p」→「プ」、「m」→「ム」、「s」→「シ」、「t」→「ッ」とそれぞれ表記される。

　「tu」は、知里は「ト゜」で表記したが、現在は「トゥ」と表すことが多い。北海道ウタリ協会（現北海道アイヌ協会）が発行した『アコロイタク　AKOR ITAK』（1994年）の表記が一般的に用いられており、本書では、引用部分以外はこの表記法に従った。前書をもとに、下記一覧を作成したので参考にされたい。

カタカナ表記とローマ字の簡易音素表記

ア	a	イ	i	ウ	u	エ	e	オ	o
カ	ka	キ	ki	ク	ku	ケ	ke	コ	ko
サ	sa	シ	si	ス	su	セ	se	ソ	so
タ	ta			トゥ	tu	テ	te	ト	to
チャ	ca	チ	ci	チュ	cu	チェ	ce	チョ	co
ナ	na	ニ	ni	ヌ	nu	ネ	ne	ノ	no
ハ	ha	ヒ	hi	フ	hu	ヘ	he	ホ	ho
パ	pa	ピ	pi	プ	pu	ペ	pe	ポ	po
マ	ma	ミ	mi	ム	mu	メ	me	モ	mo
ヤ	ya			ユ	yu	イェ	ye	ヨ	yo
ラ	ra	リ	ri	ル	ru	レ	re	ロ	ro
ワ	wa					ウェ	we	ウォ	wo

　　　　　着色部は、日本語の50音に存在しない音節

①川口周辺

川口周辺

　JR北海道登別駅の海側にある道道701号（登別港線）の道路を西側幌別方向に行った、北海道コンクリート工業㈱の工場付近に登別川の川口[注]がある。川口からのぼった川は、JR北海道の線路下をくぐり、さらに国道36号線の橋の下を通って住宅街に入り、登別市立登別小学校の横に至る。その後、住宅地を抜けて高速道路の下を通り、新登別大橋に向かって登っていく。『アイヌ語入門』の「川は海から陸へ上がって、村のそばを通って、山の奥へ入り込んでいく生物だ」に相当する場所である。登別小学校は知里の母校でもあり、校門横に知里真志保の顕彰碑が立っている。その上手に知里姉弟をはぐくんだ地があり、「知里幸恵　銀のしずく記念館」（以下、銀のしずく記念館）が建っている。また、近くの富浦墓地には知里幸恵の墓と金成マツの墓がある。

　ハシナウシは、かつて知里真志保の碑があったところで、狩猟の神をまつった場所である。現在では国道36号線と海岸の間に工場や資材置き場などがあり岬に思えないが、地図で確認すると川を挟んでオンネヌサウシと相対する岬である。川漁が中心だった時代には、海から沢山の魚たちが上ることを祈願するにふさわしい場所であった。秋には、この川に現在もサケが遡上する。『北方文化研究報告』第14集「アイヌの鮭漁－幌別における調査」には、「登別川では、温泉があるせいか水温が高いので、ずっとおそくまでとれるが、それでも2月いっぱいでほとんどとれなくなる」と書かれている。

[注]　「河口（かこう）」が一般的表現だが、「海からの入り口」という意味を強調するために「川口（かわぐち）」を用いる。

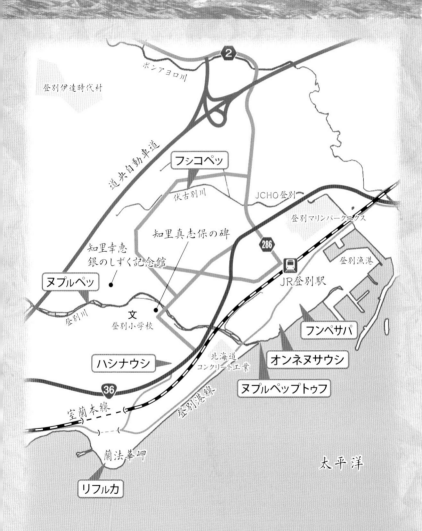

登別伊達時代村

ポンアヨロ川

道央自動車道

フシコペッ

伏古別川

JCHO登別

知里真志保の碑

登別マリンパークニクス

登別漁港

知里幸恵
銀のしずく記念館

ヌプルペッ

JR登別駅

登別川

文
登別小学校

フンペサパ

ハシナウシ

オンネヌサウシ

北海道
コンクリート工業

ヌプルペップトゥフ

室蘭本線

登別港線

蘭法華岬

太平洋

リフルカ

フンペサパ

húmpe sapá：鯨頭

　フンペサパとは、JR北海道登別駅や登別マリンパークニクス（水族館施設）の海側に位置する、「鯨の頭」の形をした丘のことで、フンベ山と呼ばれている。この丘の西端の頂上付近には、かつてオンネヌサウシという「古い幣場（ぬさば）」があり、そこに行くヌサウンコッ（nusa-un-kot　幣場・に行く・沢）という涸沢があった。この沢には、「フンベ山入口」の看板がたてられており、頂上までの散策路がある。頂上からは、登別漁港と太平洋を眺めることができ、豊漁を祈願した古代の人々の気持ちが感じられる。

　また、「フンベ山トンネル」の入り口付近にはこの丘の地名由来の説明板がある。これは、アイヌ文化を理解してもらうために登別市教育委員会が建てたものである。

登別漁港
（丘の裏側）

ヌサウンコッ

フンペサパ

かつてオンネヌサウシが
あった場所

マリンパーク

国道36号線から見たフンペサパ。右手の施設がマリンパークと駐車場。この丘の向こう側が登別漁港。左手のフンベ山トンネル付近がヌサウンコッ。

この丘には、鯨にまつわる伝説が残っており、『幌別町のアイヌ語地名』には、次のように紹介されている。

――昔太平洋の海中にシオキナという鯨に似た巨大な怪魚が住んでいて、舟でも鯨でも丸呑みにしたので、人間どもはひどく難儀した。神々が相談して退治に行くが誰ひとりとしてかなうものがない。最後にカワウソが頼まれて退治に行き、首尾よくシヨキナを捕えたけれども、あいにくなことには刀を忘れて来たのでシヨキナを切ることができない。方々の部落の神々に呼びがけて刀を貸してくれるように頼んだけれども、どこの部落の神も相手にしてくれない。ほとほと困っていると登別の神が見かねて、「カワウソよ、おまえは自分の刀をちゃんと腰にさして持って来ているではないか」と注意してくれた。カワウソは健忘症なので自分が刀を持っていることをすっかり胴忘れしていたのだった。そこで自分の刀を抜いて、シヨキナを胴中から真二つに切り離し、頭の方を登別の神へのお礼にここの浜へ置いて行ったのが今のフンペサパの由来だという。――[4]

フンベ山入り口の看板と頂上への散策路

オンネヌサウシ

ónne nusáusi：古い 幣場

　オンネヌサウシは、フンペサパの頂上の西端にあった「古い幣場」のことである。ヌサコッ（nusa-kot　幣場の跡）ともいわれた。ヌサとは木を削って房状にしたイナウという祭具を並べた祭壇のことである。

　この丘は、クッタラ火山の火砕流が積もり、その自重で圧縮されて硬く溶結した溶結凝灰岩でできている。かつて「登別軟石」「登別中硬石」と呼ばれ、庭石や建築資材として利用された。クジラの肉を思わせるような小豆色（あずき）をしており、鉄道を通じて室蘭、夕張などの都市建設の石材として多用された。登別駅にも使われ、現在の登別駅舎の一部に見ることができる。こうした採石は、明治中期頃から行われてきたために丘の形は大きく変わっており、現在では縦に半身になった形状になっている。オンネヌサウシはなくなった場所であるため、山田の地図からおおよその位置を図示することにした。

川口から見たフンペサパとオンネヌサウシのあった場所。採石により元の形は変わっている。点線は推定の形。

『幌別町のアイヌ語地名』には、「沢の中から上ると、そこはもう山の西端で、そこに一反半ぐらいの平坦な広場がおり、その突当りにオンネヌサウシ（onne-nusausi 古い・幣場）があり、大漁を祈ったり、海が荒れて遭難者があったりした場合には人々が集ってここで盛大な祭を行った。古くはここが鯨祭の祭場だったかもしれない」と書かれている。

　「オンネ」について、山田は『アイヌ地名を尋ねて』の中で「知里さんは本文で『古い・幣場』と、さらっと訳されたのだが、念のために註しゃくすれば、オンネは「年老いたる」の意で、地名では『大きい』と云う心で呼ぶことが多い。『大幣場』の意味で呼ばれたのであろう。今は砕石されたために、なくなった処だと云う。」[5]と述べている。家々にある幣場に対して、村全体の幣場を大幣場として「オンネヌサウシ」と称していたことも考えられる。

登別軟石近景。赤い色が特徴

西側から見たフンペサパ。オンネヌサウシの位置は想像。

登別軟石が使われている登別駅舎

2007年ペッカムイノミ（川神祭り）でのヌサ。胆振幌別川河口

ヌプルペップトゥフ

nupúrpet putúhu : 登別川　川口

　ヌプルペップトゥフとは、登別川の川口のことである。川口が東に向くと鯨に食われて不漁になり、西側に向くと豊漁になると伝えられていたという。近年は、東側に向いていることが多いように感じる。登別漁港の整備が進み、防波堤も延長され、海岸線にある道道の冠水防止のために護岸工事も進んで、知里山田の調査時とは大きく環境が変わっている。

　put が「川口」の意味で、putu が「その口」、putuhu は「その口」の丁寧な言い方である。

　古代[注]の人たちの考えでは、ヌプルペッはここから始まって山へ向かって登っていく。

[注]　p.8「古代人のこころ」参照

港橋から見た川口。左手に見える丘がフンペサパ。ヌプルペッは、この海との接点を始点に山へ向かって登っていく。矢印は上流方向を指す（以下同様）

川口の向きについて『幌別町のアイヌ語地名』には次のように書かれている。

——この川はよく河道を変えた。現に大正時代に入ってからでも、川尻は西へ曲って前浜（フンベ山の麓からランポッケ岬の手前までの砂浜を俗にそう呼んでいる）を横流して、ランポッケ岬のすぐ手前で海へ注いでいた。川口がフンベ山の麓から遠く離れている時は鮭がたくさん川へ登るから豊漁が期待され、川口がフンベ山のすぐ下に来ている時は、フンベ山のフンベ（鯨）が鮭を呑んでしまうので凶漁が予想されるというので、そういう時はフンベ山の頂上の幣場に集って盛大な豊漁祈願祭を行った。——[6]

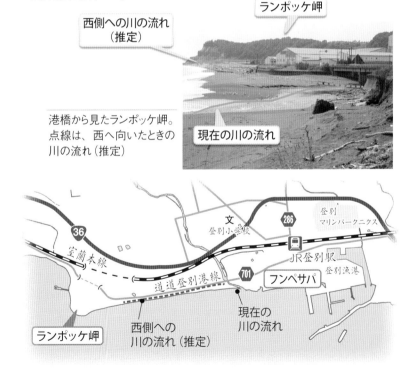

港橋から見たランポッケ岬。点線は、西へ向いたときの川の流れ（推定）

ヌプルペッ

nupúr-pet：色の濃い　川

　ヌプルペッとは、オロフレ峠南東の谷が源頭の二級河川登別川のことである。登別温泉からの支流のクスリサンベツ川と合流し、濁った川となっている。

　海から登ったヌプルペッは、JR北海道の室蘭本線の鉄橋と国道36号線の登泉橋の下をくぐり抜け、登別小学校の横を登り、知里が育った家の近く（銀のしずく記念館付近）を登る。この辺が村（現在の住宅街）の外れとなり、高速道路の下を抜け、新登別大橋を目指して上っていく。

港橋から上流を見たヌプルペッ。川口から入ったヌプルペッは、JR北海道の鉄橋の下をくぐって、「村」（住宅街）へ入っていく。

知里は、「ヌプルは元来は人の知っている通りに、神様や巫女の「霊力のある、巫力のある」と云う言葉であるが、それが「強い、どぎつい」と云った感じを表わし、色とか、食物の味等が『濃い』意味に使われるようになったのである」と述べている。しかしながら、知里が見慣れたこの辺の川の色には、「どぎつい」という印象はない。知里も『幌別町のアイヌ語地名』には「この川は温泉から流れてくるので他の川より水色が暗く濁って感じられる。」と書いており、ヌプルという原義には遠い印象しか受けていなかった。

　最上徳内が1790年（寛政2年）に著した『蝦夷草紙』には、川上でおびただしく湧き出る温泉の水が流れこむため、「白粉と紺青を掻き立てた」ような色で「一寸といへども水底見へず」というほど濁っていたと書いている。川の色は、色の濃さの元になっている温泉水も、火山の活性状況により噴出する湯量や内容も異なるし、温泉施設での利用状況によっても変化することが考えられる。また、逆に透明な川水の水量も降雨量や飲料水への利用など、様々な要因により変化することが考えられる。

国道36号線の登泉橋から見たヌプルペッ。「村」（住宅街）を抜けて、上流を目指す。

登別小学校横の登別橋から見たヌプルペッ。川底が見え、どぎつい感はない。

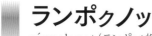

ランポクノッ

ránpok-not（ランポク：岬）

　ランポクノッは、登別川の川口の西側にある「蘭法華岬」のことであり、リフルカ（ri-hur-ka：高い丘の上）と呼ばれた蘭法華高台の突端のことである。『幌別町のアイヌ語地名』には、「この岬の突端の上にちょっとした凹みがあって、そこは大昔洪水のあったとき、そこだけ僅かに乾いていて、そこへ逃げ込んだ人だけが助かった」という伝説を紹介している。

　この岬の西側にはかつてコタンがあり、ランポッケ（ran-pok-ke：坂・下・の所）と呼ばれていた。現在の富浦町付近を指す。『幌別町のアイヌ語地名』には「ランポクran-pok（坂・下）、ランポキran-poki（坂・の下）、ランポキケran-poki-ke（坂・の下・の所）」など複数の音形を記している。

港橋から見たランポッケ岬。左手の丘がリフルカでその突端がランポクノッ。右手の丘がハシナウシ。かつて知里真志保の碑があった。

1873年に、函館と札幌を結ぶ本格的な西洋式馬車道の札幌本道が現在の国道36号線に近いルートで作られ、ゆるい勾配でこの丘を越えることになった。それまでは「七曲がり」と呼ばれた急坂を登らなければならなかった。この丘の上には畑も作られ、主要道が変更になった後も住民たちはこの丘に登る道としてこの坂を活用した。太平洋戦争時には、空襲に備えて手掘りの防空壕をこの道沿いに作った。現在は崩落防止のために擁壁工事がなされ、当時の痕跡はほとんどなくなっているが、防空壕跡が名残をとどめている。

道央道富浦PA展望台より見たランポッケ。
左手の点線が七曲がりの坂（推定）

富浦神社付近から見たリフルカ。
点線が七曲がりの坂（推定）。防空壕の跡が点在。

ラウォマプ カムイノミ

　1987（昭和62）年に北海道ウタリ協会登別支部（現登別アイヌ協会）が、登別川の川口でラウォマプ（raw-oma-p：底・入る・物）という柳の木を組み合わせて作った円錐状の「どう」を川底に沈めて捕獲する伝統的漁法で、サケの採捕実験を行った。それに伴うカムイノミ（kamuy-nomi：神・祈り）も行った。かつて、各地のコタンでは秋になると鮭を迎えるための川神祭りが行われていたが、明治政府により鮭の捕獲が禁止され、こうした儀式は行われなくなった。1982年に行われた札幌豊平川でのアシリチェプノミに次いで2番目の行事開催であったことから、全道的な注目を集め、全道各地からアイヌ民族も集まり、見学の市民を含め約120名の参加者で行われた。

　この日には、後にアイヌ民族初の参議院議員となりアイヌ文化振興法制定の立て役者となった萱野茂（当時、二風谷アイヌ文化資料館館長）も参加し次のように挨拶した。

　「自分の父親は、たった1匹のサケを捕って警察に捕まった。元々北海道はアイヌが住んでいて、サケも自由に捕っていた。今日の行事にもたった5匹の許可しか与えない。国は、アイヌに自分たちの食う分くらい許可するべきだ」

　登別や札幌での儀式の継続や要望が要因となり、後年、許可数は増え、1994年には20匹、1996年には50匹になった。

ラウォマプカムイノミの準備風景。チマチェプ（焼き魚）を指導する萱野茂（中央）。

②新登別大橋周辺

新登別大橋周辺

　登別市立登別小学校や知里幸恵銀のしずく記念館などの横を通り過ぎたヌプルペッ(現登別川)は、市街地を離れ、登別さけ・ますふ化場横を抜け、登別伊達時代村の西側の沢を登っていく。そして、新登別大橋の手前にあるペトゥコピで、カルルス温泉方面に向かうペケレペッ(現登別川)と登別温泉方面に向かうクスリエサンペッ(現クスリサンベツ川)に分岐する。『アイヌ語入門』の「我々が川の合流する所を落合(おちあい)と名づけているのに対して、アイヌは『ぺてウコピ』(<pet-e-uko-opi-i『川が・そこで・互に・別れて行く・所』)と名づけているのも、そういう古い考え方のあらわれである」[7]に相当する。

　登別駅と洞爺湖温泉を結ぶ道道洞爺湖登別線と、室蘭市と登別温泉を結ぶ道道上登別室蘭線の交点付近に新登別大橋がある。この橋は、アーチの上に柱を立てて橋を支える逆ローゼ橋で、1986年10月に完工した。橋の長さ240m、アーチ支間160m、橋面から川までの高さ120mで、登別渓谷駐車公園も整備されている。春の新緑や秋の紅葉など四季折々にすばらしい景色が見られる観光名所になっている。

ペケレペッにかかる新登別大橋

カルルス温泉へ

登別温泉へ

350 ユクテルケウシ

湯乃国橋

クスリサンベツ川

のぼりべつ文化交流館
カント・レラ

2

782

2

新登別大橋

紅葉谷橋

登別駅へ

登別渓谷
駐車公園

ペケレペツ

782

取水堰

千歳水源

クスリエサンペッ

ペトゥコピ

ヌプルペッ

登別伊達時代村

登別川

ペトゥコピ

petúkopi：川が　お互いに別れて行く所

　ペトゥコピとはお互いに別れ行く所の意味で、カルルス方面に向かう本流のペケレペッ（現登別川）と登別温泉方面に向かう支流のクスリエサンペッ（現クスリサンベツ川）に分岐する場所である。海から陸に上がり、村を抜けて登ってきたヌプルペッはここで二つの川に分岐する。一方は東側の沢に入りクスリエサンペッになるが、橋からは木々の陰になり直視できない。もう一方のペケレペッは新登別大橋の下に向かって登ってくる。『幌別町のアイヌ語地名』で、「いま「ふたまた」（二股）。ここから左へ行くと千歳川[注1]、右へ行くと登別温泉川[注2]になる」[8]と述べている。

（注1）　千歳川は現登別川上流部のことである。
（注2）　登別温泉川は現クスリサンベツ川のことである。

村を抜けて登ってきたヌプルペッは、ここでカルルス方面に向かうペケレペッと登別温泉方面に向かうクスリエサンペッに分岐する（新登別大橋より下流を撮影）

古代の人々は、川は海から入って山奥に登っていくと考えていたが、実際の水は逆に上流から下流に向かって流れていく。クスリエサンペッからの水とペケレペッの水がここで出合うのであるが、すぐに混じるのではなく、ペケレペッからの透明な水とクスリエサンペッから流れ込んだ白濁した水とはしばらくは並行して流れ下る。

　この写真は、室蘭市の許可を得て千歳水源地ポンプ場付近まで行って撮影したものである。白濁した水と透明な水が並行して流れ、徐々に混じり合っていくことが分かる。このように二色の流れを見ることの出来る場所が大湯沼付近にある。(後述)

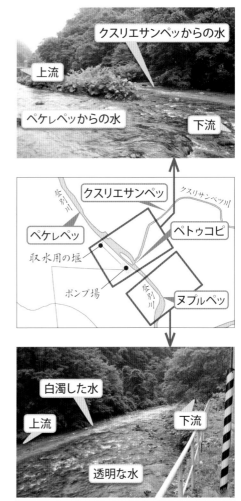

クスリエサンペッからの流れ（上部）は白濁しており、ペケレペッから流れは透明である。

ペケレペッ

peker-pet：明るい　川

　ペケレペッとは、カルルス温泉方面に登っていく登別川の本流のことで、かつては千歳川と呼ばれていた。新登別大橋の下を通り過ぎたこの川は、その源頭のあるオロフレ峠方面を目指して峡谷を登っていく。

　ペケレ（peker）とは「白い、清い、あかるい」のことで、『幌別町のアイヌ語地名』で、「二股の右手の登別温泉から流れてくる川の水の色が濃く暗い色を帯びているのに対して、左手のカルルス温泉から流れてくる川は、澄んで見えるので、この名がついている」[9]と述べている。

新登別大橋の下を通り過ぎたペケレペッは、カルルス温泉方面へ登っていく（新登別大橋より上流を撮影）

この川には橋の下流にある千歳浄水場の取水施設があり、室蘭市と登別市内の家庭等に配水されている。橋から上流側を撮影したものであるが、120メートル下にある川の川底が見えるほど透明度は高く、正にペケレであることが実感でき、飲料水にふさわしい川である。水権は室蘭市が所有しているために室蘭市の施設である。

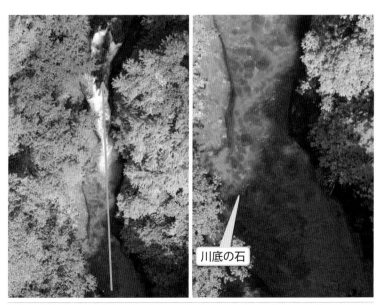

川底が見える。右の写真は、拡大したものであるが、川底の石が確認できるほど透明である（新登別大橋よりペケレペッを撮影）

クスリエサンペッ

kusúri-e-san-pet：薬湯・そこを通って・出てくる・川

　クスリエサンペッとは、ペトゥコピで分岐した登別温泉方面に向かう支流のことで、現在のクスリサンベツ川のことである。クスリエサンペッ・ニセイ（kusuri-e-san-pet nisey：クスリサンベツ川の断崖峡谷）にかかる紅葉谷橋の下をくぐって登別温泉へ向かう。中登別と新登別を結ぶ紅葉谷橋の上から、その白濁した川の流れが確認できる。この渓谷の終わり付近がユクテレケウシ（yuk-terke-us-i：鹿がいつも飛び越える場所）である。

　クスリとは薬湯のこと、ユとはお湯のことで日本語由来である。知里は『地名アイヌ語小辞典』で次のように述べている。

ペトゥコピから登ったクスリエサンペッは、紅葉谷橋の下をくぐり抜け、登別温泉街へ向かう。橋の上から白濁した流れが見える（紅葉谷橋から橋下を撮影）

kusuri　**クすリ**　温泉；薬湯

sések　**せセク**（完）熱くアル（ナル）。（対→nam、tuwar）

sések-i　**せセキ**【H北】温泉。──これが温泉を意味する本来のアイヌ
　　語であったらしいが、南方から日本文化が入りこんでからは日
　　本語yu（いでゆ）にとって代られ、わずかに北海道東北部から
　　千島にかけて地名となって残っているにすぎない。

yu　**ゆ（ゆー）**　温泉。[＜日本語][10]

　ユクテルケウシについて、山田は『アイヌ語地名を尋ねて』に「昔
上流から鹿を追って来て、いよいよ峡谷に入る処迄追いつめた。し
めたと思ったら。鹿が一躍してクスリサンペッを飛び越して、対岸の
林の中に逃げて終った。それで、そこをYuk-terke-ush-i（鹿が・眺
ね・た・処）と云うのだ」[11]と高吉からの
聞き取りを記録している。

深い渓谷のクスリエサン
ペッ・ニセイ（紅葉谷橋より
撮影）

ユクテルケウシ付近では谷の傾斜は緩くなってい
る（湯乃国橋付近より撮影）

三本の橋

　かつて、中登別からその対岸の新登別温泉（上登別町）へは、登別温泉を迂回するしかなかった。1970年に「紅葉谷橋」が完成し、登別駅方面からカルルスや壮瞥方面へ登別温泉を経由せずに通行できるようになった。

　また、幌別地区から登別温泉に行くには、登別地区を迂回するしかなかった。1986年に「新登別大橋」が完成し、直接に行くことができるようになり、登別市役所のある中心街からの時間が短縮されるようになった。

　現在カント・レラになっているのは、かつて、筆者も勤務した登別温泉中学校の校舎であった。この施設付近の川沿いがユクテルケウシであるが、渓谷の急な斜面が続くため古くから交通の難所であった。自動車が一般的になった頃からは、急カーブなうえに日陰のため、冬場には凍結によるスリップ事故が多発した場所でもあった。2014年に湯乃国橋が完成し、急カーブも解消され日当たりも良くなり、安心して通行出来るようになった。前述の二橋のように川をまたぐことによって路線を短絡するものではないが、秋には紅葉が美しい景観を見ることができる。

かつて、交通の難所だったカント・レラ付近の崖にかかる湯乃国橋。崖の壁面に橋脚がつけられている（橋脚下部より撮影）

③地獄谷周辺

地獄谷周辺

　ペトゥコピでカルルス方面に向かうペケレペッと分岐したクスリエサンペッは、紅葉谷橋の下をくぐり、クスリエサンペッ・ニセイの峡谷を抜け、パンケユ（登別温泉）に入る。道南バス停留所横の旧登別温泉科学館だった建物の下をくぐり抜け、温泉街中心部を縫うように上っていく。滝乃家の入り口付近で、ポロユ（大湯沼）方面に向かう本流からポンユ（地獄谷）に向かう支流に分岐する。ポンユに向かう流れは、暗きょとなって道道倶多楽湖公園線の下をくぐり、泉源公園へと向かい、第一滝本館の大浴場の横を抜けポンユ（地獄谷）に入っていく。

　地獄谷の入り口には駐車場が整備され、登別パークサービスセンターには各種の資料が置かれている。この地獄谷には遊歩道が整備され、温泉の息吹が直接感じられるようになっており、大湯沼までの散策ルートも整備されている。

　登別温泉におけるアイヌ文化に関する観光施設としては、1935年に湯沢神社境内にアイヌ宝物館ができ、翌年に、幌別村営の先住民族記念館が現登別グランドホテル山側駐車場付近に建設された。登別温泉株式会社は、1937年に現登別グランドホテル前に整備した屋外遊戯用小公園「子供の国」内に「アイヌの家」を建設し、アイヌ民具の展示や販売・古式舞踊の上演などを行った。この施設は、北海道アイヌ協会の第2代理事長となった森久吉が建築指導を行い、開業後はアイヌ民具等の解説を行った。また、登別温泉ケーブル㈱が1961年、のぼりべつクマ牧場にチセ（家）を建設した。（後述コラム参照）

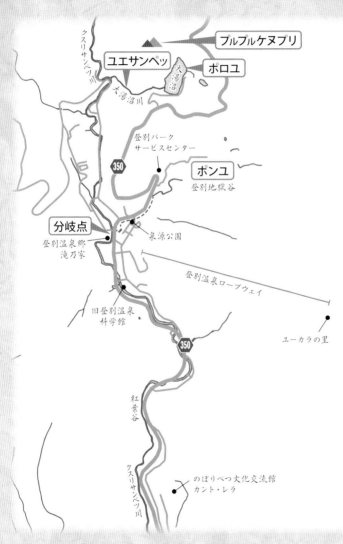

プルプルケヌプリ

ユエサンペッ

ポロユ

クスリサンベツ川

大湯沼

大湯沼川

登別パーク
サービスセンター

350

ポンユ

登別地獄谷

分岐点

泉源公園

登別温泉郷
滝乃家

登別温泉ロープウェイ

旧登別温泉
科学館

350

ユーカラの里

紅葉谷

クスリサンベツ川

のぼりべつ文化交流館
カント・レラ

パンケユ
pánke-yu：川下の・温泉

　パンケユとは川下の温泉の意味で、登別温泉のことを指している。カルルス温泉を川上の温泉を指すペンケユ（penke-yu）に対してこう呼ぶ。

　カルルス温泉は、登別川の本流であるペケレペッの上流にある。登別温泉は支流のクスリエサンペッ（現クスリサンベツ川）の上流にあり、同じ川筋ではなく、直接川上と川下の関係にはない。現在は、登別地区からカルルス温泉に紅葉谷橋を渡って直接行くことができるが、かつては登別温泉を経由していったので、この呼び方をしたのだろう、と山田は述べている。

パンケユ遠景。クスリエサンペッは温泉街の中心部で、地獄谷への支流と大湯沼への本流に分岐する。

松浦武四郎が、1858（安政5）年に登別を訪れた際の様子を『東蝦夷日誌』に次のように記録している。

──岩坂切通し少し下りて温泉場、

今は止宿所も出来、湯治人も居たり──[12]

「岩坂切通し少し下りて」とあるのは、現在ののぼりべつクマ牧場のあるポロヌプリ（四方嶺）から下って第一滝本館の裏手に出る坂道のことである。当時の道筋は中登別から一度倶多楽湖の外輪山まで登り、そこから降る道しかなかったためこの坂道を降りてきた。また、「今は止宿所も出来、湯治人も居たり」とあり、この頃には温泉利用がされていた。

現在では、温泉が配湯され、各ホテルや旅館内に浴場がある内湯が当たり前であるが、かつては川沿いに塩場、万寿湯、大川湯などの外湯（公衆浴場）があった。泉源公園の間欠泉の吹き出し口付近には、「湯滝」と呼ばれた打たせ湯の施設もあり、屋外でお湯に当たっている風景の絵はがきも残っている。

泉源公園では、一定時間ごとに噴出する間欠泉を見ることが出来る。ここに湯滝があった。

ポンユ
pón-yu：小さい・温泉

　ポンユとは、小さい温泉の意味で、地獄谷のことである。大湯沼がポロ・ユ（poro-yu：大きい・温泉）であるのに対し、地獄谷をこう呼んだ。

　ゆっくりと発音するとポンユだが、通常ではポイユ（poy-yu）と発音する。このことについて、知里は『アイヌ語入門』の音韻転化の項で「nは、yの前に来れば、それは同化してyになる」と述べている。

ポンユ（地獄谷）もクスリエサンペッの源流の一つで、ヌプルペッの濁りの要因である（展望台より撮影）

『東蝦夷日誌』には、次のように書かれている。

――筵を河中に敷て浴せしが、今は川の上に屋根を架、二川（西、シュンベツ、水川也。東、クスリサンベツ、熱湯也）あい合て程よき湯にして入る也。硫黄にして臭気甚し。――[13]

現在は名前が変わったようで、当時のシュンベツとは現在のクスリサンベツ川で、当時のクスリサンベツとは地獄谷からの川のことであった。前者は谷水が混じって冷たくなっており、後者は地獄谷から流れ出たばかりの熱水になっており、二川が合流し温浴に適した温度になる。

大湯沼方面へ向かうクスリサンベツ川の本流。

暗渠となって泉源公園の下を通過し、第一滝本館の横を地獄谷へ向かう支流。

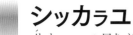

シッカラユ

sik-kar-yu：目を・治療する・温泉

　シッカラユとは、「目を治療する温泉」の意味で、地獄谷の入り口付近で湧き出しているお湯のことであり、薬師湯と呼ばれていた。

　1861（文久元）年、火薬用の硫黄を採掘していた南部藩の家臣がこの温泉で眼を洗い、眼病が治ったと伝えられている。湧出口の横に祠があり、その堂内にはお礼に寄進した石碑が安置され、「目の湯」として親しまれている。登別温泉街にある公衆浴場の夢元さぎり湯には、「目の湯」（ミョウバン泉）の浴槽が設置され、入浴することができる。

「目の湯」の湧出口、薬師如来を祀ったお堂（遊歩道より撮影）

地獄谷には、数本の遊歩道が整備されており、現在でも各種泉質の湧出を見ることができる。奥の方にある鉄泉池は、間欠泉であり、定期的に噴出を見ることができる。

石碑が安置されている祠

間欠泉の一つ、鉄泉池。

地獄谷と大湯沼の散策路案内図（登別国際観光コンベンション協会発行）

萱野茂とユーカラの里

　1958年に、登別温泉ケーブル㈱がのぼりべつクマ牧場を開園し、1961年には、同牧場にチセ（家）を建設し、観光用のイオマンテ（クマ送りの儀式）を始めた。このチセを建設したのが萱野茂であり、現在の「ユーカラの里」の始まりであった。

　萱野は、1952年頃よりアイヌ民具の収集を始め、1957年アイヌ語録音のために平取町役場に来た知里真志保に初めて会った。1959年には、造林業を辞め木彫りに専念し、知里真志保の紹介で登別温泉の玉川みやげ店に木彫り製品を納めるようになった。

　その後、登別温泉ケーブル㈱からの依頼でチセ建設を行い、完成後は古式舞踊などの解説を行うことになった。さらに、アイヌ民具の製作も行い「ユーカラの里アイヌ資料館」に収めた。1968年には、二風谷に戻ってみやげ店「萱野工芸店」を開き、二風谷の観光地としての基盤を築いた。1994年に参議院議員となり、「アイヌ文化振興法」の成立に貢献した。

萱野の紹介でチセ作り体験作業をする北海道ウタリ協会登別支部（当時）の会員（1990年6月撮影）

④大湯沼周辺

大湯沼周辺

　滝乃家入り口付近で、ポンユ（地獄谷）に向かう流れと分かれた本流のクスリエサンペッ（現クスリサンベツ川）は、ホテル街を縫って上流へ向かい、登別石水亭で温泉街を抜けることになる。天然足湯の案内看板付近で、ソーエアンナイとなって上流へ向かうクスリエサンペッと大湯沼へ向かうユエサンペッ（大湯沼川）に分岐する。この分岐点が、ポロユプトゥ（大湯沼の川口）であり、ここでは透明な川と濁った川の2色の流れが合流する様子を見ることができる。知里が山田に「ほら、ヌプルだ、ヌプルだ」と言って喜んだ場所であり、新登別大橋からでは木の陰になって見ることのできなかったペトゥコピと同様の様子を見ることができる。

　ここからユエサンペッはポロユ（大湯沼）に向かって登って行く。途中では、まわりからの沢水が混じり、温浴に適した温度になり、天然足湯が整備されている。更に登ってポロユにいたる。

　一方の本流のクスリエサンペッは、更に上流に向かって登っていく。ただし、この先は登別市の水道施設があるために、行くことはできなくなっている。

　大湯沼は、プルプルケヌプリ（日和山）が噴火したときの爆裂火口跡で、周囲約1kmの深さ22mの沼で、沼底では、約130℃の硫黄泉が噴出していて、表面の温度でも約40℃〜50℃で灰黒色をしている。かつては、底に堆積する「硫黄」が採取されており、山田が経営していた北海道曹達株式会社でも原材料として利用していたこともあった。また、ワニなどを飼育している植物園もあった。

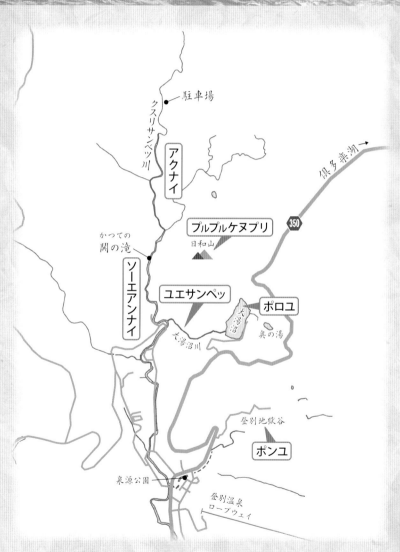

駐車場

クスリサンベツ川

アクナイ

俱多楽湖 →

プルプルケヌプリ

350

日和山

かつての
閣の滝

ユエサンペッ

ソーエアンナイ

大湯沼

ポロユ

大湯沼川

奥の湯

登別地獄谷

ポンユ

泉源公園

登別温泉
ロープウェイ

ソーエアンナイ

só-e-an-nay ： 滝・そこに・ある・谷川

アクナイ

a-kú-nay ： われら・飲む谷川

　ソーエアンナイとは、滝がそこにある谷川の意味であり、アクナイとは、我らが飲む谷川の意味で更に上流のことである。ソとは滝のことで、ここにアクセントがあるために、ソーと伸びて聞こえる。

　また、この沢は kás-un-nay（仮小屋・ある・川）とも呼ばれた。カシ（kas）とは、狩漁とか旅行とかの時の間に合わせの小屋のことで、ここは昔狩にでも来た人が泊まった沢と考えられる。

上流の滝へ

本流のクスリエサンペッは、ソーエアンナイとなって、上流へ向かう。

登別温泉では、温泉水の流れる沢は沢山あるが、逆に真水の流れる沢が少ないために、飲用に適した川にはわざわざ「我ら飲む沢」の意味でアクナイと名付けられた。第一滝本館の東側の山手から流れ下る川（沢）もアクナイであった。現在はこの滝の上部に登別温泉浄水場の取水口があり、安全上から行くことはできなくなっているが、飲用に供される正にアクナイである。かつては、滝までの遊歩道もあり、観光名所として絵はがきにもなった。

　1925年に登別駅から温泉までの軽便鉄道が電化された際には、2機の発電機がこの滝に設置され活用された。電車用と民家用の電気は同じ発電所からの供給のため、電車の乗客が多いとそちらに多くの電気が流れるため、家庭用の電球が暗くなったそうである。

取水用のダム

かつて、この滝は観光名所でもあった。現在は、登別温泉の水源となっている。

ユエサンペッ

yú-e-san-pet：温泉がそこを通って・出てくる・川

　ユエサンペッとは、温泉がそこで出て行く川の意味で、現在の大湯沼川のことである。ポロユ（大湯沼）の沼口から流れ下ってくる温泉水は、硫黄成分を多く含み、ねずみ色をしている。湯口では高温だが、流れ下ってくる途中でまわりからの沢水が混じり、天然足湯の付近では足を浸すのに適した温度となっている。奥の湯展望台の駐車場からは遊歩道が整備されており、ユエサンペッ（大湯沼川）に沿って降りてくると天然足湯に至る。更に下るとユエサンペッがクスリエサンペッ（クスリサンベツ川）に合流するポロユプトゥ（poroyu-putu：大湯沼・の口）に至る。

ポロユへ

ねずみ色の
濁ったお湯

ユエサンペッはねずみ色で、湯気とともに下ってくる。どぎつい印象を受け、ヌプルの語源由来を感じることが出来る（天然足湯付近より撮影）

54

知里は『幌別町のアイヌ語地名』では、「この合流点ではユーエサンペッが湯の気を含んでやや暗濁しているの対してソーエアンナイは明るく澄んでいて、まことに好い対照を見せている。前者の色をアイヌ語でnupurで表わし、後者をpekerで表すようである」[14]と述べている。前述のペトゥコピでも、ペケレペッとクスリエサンペッで対照的な色の違いがあるが、これほど間近で見ることはできない。また、知里が住んでいた登別小学校付近ではヌプルペッの川の色は「どぎつい」という印象は受けないが、ここではねずみ色で濁りの強い「どぎつい」印象を受ける。山田が知里と調査に行った際に合流の姿がよく見え、ペケレ（清澄な）な水と、ヌプル（濃色の）な水が落ち合う様が目立っていたので、知里に見せたら「ほらヌプルだ、ヌプルだ」と喜んだという。

ユエサンペッからの濁った水とソーエアンナイからの透明な水が対照的である。知里が「ほら、ヌプルだ」と喜んだ場所である（天然足湯案内看板付近で撮影）

プルプルケヌプリ

púrpurke-nupúri：もくもくと煙をふいている・山

　プルプルケヌプリとは、もくもくと煙をふいている山の意味で、ポロユ（大湯沼）にある山のことである。プルプルケ（purpur-ke）とは、「プルプルという音をさせる」という擬音語由来のアイヌ語で、今でも観光道路ではシューシューという噴気音を聞くことができる。この山から吹き出る煙は海から見ることができ、漁師がその煙を見で日和（天候）の様子を見たことが由来で日和山（ひよりやま）とも言われている。

シューシューという
音を立てている
噴気孔

プルプルケヌプリ

煙を上げるプルプルケヌプリとポロユ。手前は奥の湯。
（観光道路にある展望台より撮影）

プルプルケヌプリは、ポロユエトコ（poroyu-etoko：大湯沼・の奥の山）とも呼ばれた。エトコ（etoko）は川の場合「水源の山」を意味し、沼の場合は「沼の奥の処の山」を意味している。ヌプルペッは濁った川という意味のアイヌ語であるが、「濁り」の主要因はねずみ色の硫黄成分たっぷりのこのポロユからの噴出物による。かつては、ポンユでは松浦武四郎が書き残したように1〜2mも吹き上がっていたが、現在ではそのような噴出はなく、各温泉施設に給水パイプ等で直接配湯されているためにポンユからの水流は少ない。しかし、ポロユの噴出物はユエサンペッとなってクスリエサンペッの濁りを作っており、更にヌプルペッの濁りの要因となっている。

　源頭とは、本流の始まりを指し登別川の場合は、ヌプルペッエトコ（登別川の水源）である。しかし、濁りという意味での源頭は、正にこのポロユであり、ポロユエトコと考えられる。ポロユでは、湖面にねずみ色の泥がポコポコと噴出している様子を見ることができる。

噴気孔

シューシューという噴気音が聞こえる、
プルプルケヌプリ（展望台より撮影）

ねずみ色の泥が噴出

ねずみ色の泥がポコポコとあちこちで噴
出している（ポロユ横の車道より撮影）

うせない荘

　大湯沼川がクスリサンベツ川と合流する付近（現在の天然足湯付近）に、かつて北海道アイヌ協会が管理運営した「うせない荘」という保養施設があった。この施設の設立は、北海道アイヌ協会第2代理事長だった森久吉の尽力によるものであった。

　森は1946年の北海道アイヌ協会設立の中心的働きをするとともに、保養施設設立に取り組んだ。1948年には既存木造建築物を幌別村（現登別市）が取得し、北海道アイヌ協会に管理運営を委託した。この施設は「北星寮」と名付けられ、温泉街の中心地にあった。しかし、1961年の大水害の際に、施設のほとんどが流失する被害にあった。森が中心となって再建の取り組みが行われ、1963年に現在の天然足湯付近の場所に開館し、「湯」「沢」「滝」のアイヌ語「ウセイ」「ナイ」「ソ」から「うせない荘」と名付けられた。しかし、営業不振のために1969年には売却し廃止された。

　後に、天華園という観光施設の関係者の寮として利用された時期がある。公演にきていた中国の少数民族ミャオ族とトン族がここに宿泊しており、

1992年に北海道ウタリ協会登別支部会員との交流がここで行われている。

中国の少数民族ミャオ族・トン族との交流。

⑤カルルス温泉周辺

ペンケユ

シノマンペッ、リコマペッ

ヌプルペッエトコ

カルルス温泉周辺

　新登別大橋の下流にあるペトゥコピで分岐した本流のペケレペッ（登別川）は、新登別大橋をくぐり蛇行と分岐を繰り返し、上流に向かう。本当の奥に入っていくという意味のシノマンペッになって、ペンケユ（カルルス温泉）に至る。さらに、上流に向かい、高所に入っていくという意味のリコマンペッとなり、源頭のヌプルペッエトコ（登別岳）に至る。『アイヌ語入門』の「アイヌは川の帰着点と考えて、「ぺてトク」（pet-etok「川の行く先」）、あるいは「ペッキタイ」（pet-kitay「川の頭のてっぺん」）と名づけている」に相当する。

　イソクテという男の次のような逸話が残っている。

　この辺一帯に住む鹿を狩りに出かけたところ、あやまって崖から落ち全身打ぼくの重傷を負った。彼ははうようにして家路についたが、思うようにゆかない。あまりの疲労に小川におりていったところ、温かい湯が渾々と湧いていた。早速冷えきった体で湯に入ったところ、あまりの心地良さにそのまゝうとうとと眠りについてしまった。一方家では大いに心配し、コタンの者を総動員して探していたが、やっと三日目の夕方湯につかって眠っている彼を発見したのである。彼はうれしさのあまり踊り上ってコタンの人たちに抱きついた。不思議なことに、あれほど痛んでいた打ぼく傷がピタリと治っていた。[15]

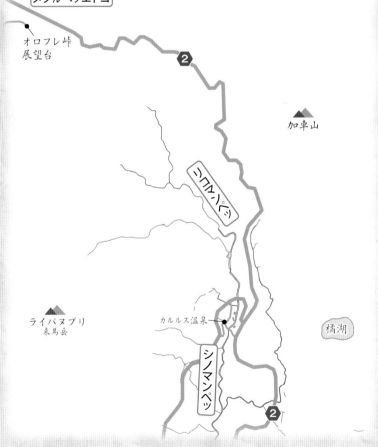

オロフレ山

ヌプルペッエトコ

オロフレ峠
展望台

2

加車山

ヲコマハペッ

ライバヌプリ
来馬岳

カルルス温泉

シノマンペッ

橘湖

2

ペンケユ

pénke-yu：川上の温泉

　ペンケユとは川上の温泉の意味で、登別温泉をパンケユ「川下の温泉」というのに対して、カルルス温泉をこのように呼ぶ。この地は「ペンケ・ニセイ（上流・谷川）」とも呼ばれていた。

　1889年に日野久橘が、山林調査でこの地を訪れた際にこの温泉を試飲したところ、持病の慢性胃カタルが治ったことから、温泉開発を行うことになり、1899年には幌別からの道路を開削し、開湯した。泉質の分析を行った結果、ラジウムが豊富な単純泉でチェコ西部に位置する「カルロヴィ・ヴァリ」の温泉と似た泉質であった。当時、その温泉地はオーストリア帝国領で「カルルスバード」と呼ばれていたために、「カルルス温泉」と名づけられた。

寿橋の下付近に浴場が作られた。最初の旅館は鈴木旅館の場所に作られた
（寿橋付近より撮影）

「カルルス」の意味をアイヌ語で解説した研究者があり、知里は『アイヌ語入門』の中で次のように批判している。

――ノボリベツ（登別）温泉から約８キロの奥、くわしくいえばイブリ国ホロベツ郡ホロベツ町字カルルス温泉町に、カルルス温泉がある。このカルルスの語原をアイヌ語で説いた人がある。カルルスは、ka-rur-usで、kaは「上」、rurは「海水」、usは「つく」、従ってカルルスは「津浪ノタメニソノ上ヲ水ガ通リスギタ所」の意だったというのである。

　この説は、まことにゴモットモといいたいような、巧みな説である。しかし、ぜんぜん成立の余地のない説である。第一、語法上からいって、その人のいうような意味であったら、アイヌ語では、「カルルス」ka-rur-us-iでなく、「カシルルシ」kasi-rur-us-i（その上に・海水が・ついた・所）とならなければならない。kaは単に「上」の意、kasiは「その上」の意である。第二、この温泉は津浪なぞあっても、海水なぞ通り越しそうもない山奥にある。最後に、そしてこれこそ決定的な理由であるが、史実がそれの成立を許さぬ。この温泉は、ラジウム含有単純泉で、その泉質がオーストリアのカルルスバード（Karlsbad　カルルス温泉、カルルの温泉の意）に似ているというので、そう名づけられたという歴史が明かになっているからである。もとのアイヌ語の名は「ペンケユ」Penke-yu（上の湯）で、登別温泉を「パンケユ」Panke-yu（下の湯）というのに対立する名称であった。――[16]

下流からペンケユを目指して登ってくるシノマンペッ（寿橋より撮影）

シノマンペッ

sinoman-pet：ずうっと山奥へいっている・川

リコマペッ

rik-oma-pet：高所・に入って行く・川

シノマンペッとは、「ずっと奥に入っていく川」という意味で、ペケレペッの上流部を指し、リコマペッとは「高所に入っていく」の意味で、その最上部を指す。知里は『幌別町のアイヌ語地名』で、シノマンペッは「川が上流に登るにつれて幾つも支流をもっているとき、その本流の先と考えている支流にこの名がつけられている」[17]とし、リコマペッは「登別川は登別温泉川もカルルス温泉川をも含めて全体がクスリエサンペッであり、祈詞の中ではそれをリコマペッというのである。従ってリコマペッという名称は、（1）登別川の最上流をさすと共に、（2）祈詞の中では登別川全体をさすのである」[18]と述べている。

ペンケユを抜けたシノマンペッは、やがてリコマペッとなって、最終点のヌプルペッエトコを目指して登っていく（東雲橋より撮影）

現在は、河川法や条例・規則等で明確に基点や交点と川の名称が規定されているが、アイヌ語地名での川の名が指す位置は限定的ではない。知里は、アイヌ語の原意からおおよその位置を表現している。『幌別町のアイヌ語地名』は、知里が本文を書き、山田が地図を作製しできあがったものであるが、山田は旧地図を参考に古老の案内なども受け、現地にも足を運んで細部にこだわった地名を記載している。初版のときには、雪のために登別川の上流の現地に行けなかったために、真志保の父の高吉に地図を見せながら地名を確認し地図を作製した。1979年の再版にあたって、改めて高吉から聞き取りを行い、前回の地図を修正した。

実証主義の山田は、細部にわたって調査を行って記載した。「幌別町旧地名図」。登別岳付近の拡大[19]

ヌプルペッエトコ

nupúrpet-etoko：登別川・の突端

　ヌプルペッエトコとは登別川の突端の意味で、オロフレ峠展望台付近のことである。古い地図には登別岳や登別山の表記があるが、現在の国土地理院の地図などにその表記はないので、正確な位置は不明である。知里は、『幌別町のアイヌ語地名』に「これとオロフレ山をいっしよにして登別岳とも考えられるが、これのみが登別岳だという人もある」[20]と述べている。

シノマンペッはリコマペッとなって源頭のヌプルペッエトコに向かって登っていく。
（カルルス温泉入り口付近より撮影）

ヌプルペッエトコは、オタシクマ（ota-sikuma：砂・山）とも呼ばれた。山田の高吉からの聞き取りによると、オロフレ峠から来馬岳に続く高い尾根を数百メートル行った辺に、ガサガサの砂場になっている場所がある、とのことである。クマとは「物干し竿」のことで、地名ではシクマは「大きな・横山」という意味になる。

　オロフレ山は、壮瞥町側へ流れているオロフレペッ（oro-hure-pet：その中・赤い・川）の水源をなしていることから名付けられた。登別と壮瞥を分けるこれらの山々によって、夏場は太平洋からの湿った空気は遮られ、登別側は多雨で農作に不適で、壮瞥側は好天が続く農作の好適地となっている。逆に冬場は壮瞥側が豪雪地帯となり、登別側は小雪である。

最終点ヌプルペッエトコに登ってくるリコマペッ（オロフレ峠展望台より撮影）

オロフレ峠

　現在では、登別温泉から洞爺湖温泉に行く場合、オロフレトンネルを抜けて快適に通行することができるが、かつては交通の難所であった。戦前の1935年に胆振アルプス縦貫道が開通し、壮瞥側と結ばれたが、その後の水害により通行不能となった。1952年に復旧し、頂上付近には展望台が設けられ、レストハウスや売店なども設置され多くの観光客で賑わった。この展望台からは、倶多楽湖の湖面や太平洋などの絶景を眺望できる。

　しかし、冬場は通行止めになる上に、崖の崩落による通行止めも頻発するために、オロフレトンネルが建設され1988年通年通行が可能になった。トンネルの開通に伴って道路の変更があり、展望台へはトンネルを抜けてからわざわざ旧道を戻る必要が生じ、立ち寄る人も減って寂れてしまった。

　オロフレ峠は、壮瞥側と登別側との分水嶺で、夏場は登別側では雨が続き、壮瞥側は好天が続く。下記写真でも、登別側（右）には雲がかかり、壮瞥側（左）は晴天となっている。

登別側（右）には雲がかかり、壮瞥側（左）は、晴天となっている。
（オロフレ駐車公園よりオロフレトンネルの壮瞥側入口付近を撮影）

⑥ポンアヨロ川筋

ポンアヨロ川筋

　倶多楽湖の外輪山はいくつかの山によってで形成されており、アイヌ語名がついている。のぼりべつクマ牧場のある四方嶺は大きな山を意味するポロヌプリであり、その東側に小さな山を意味するポンヌプリがある。ポロヌプリとポンヌプリは尾根続きになっており、その間の鞍部のちょっと小高くなっているのが、ポンアヨロ川の源頭を指すポンアヨロエトコである。

　登別温泉から倶多楽湖へ行くには、地獄谷を起点に道道倶多楽湖公園線で、大湯沼方向へ向かい、日和山展望台を通過すると、まもなく倶多楽湖扇形展望台に到達する。ここでは静寂とした湖水が見え、下って行くとかつてのレイクハウスと駐車場があり、透明な湖水を間近に見ることができる。

　さらに進むともう一度外輪山の頂上付近に到達し、下り坂となる。途中で、福祉施設の緑風園の裏あたりから流れててくるポンアヨロ川と出合い、川と並行して下っていくと道道洞爺湖登別線に出る。ポンアヨロ川は、湯の香橋の下を通って、カムイワッカからの支流と合流して、三愛病院前を下る。わかさいも本舗登別東店付近まで来るとポンアヨロ川は、道道と別れて東に向かう。このカムイワッカ付近からわかさいも本舗付近まで道道洞爺湖登別線沿いを流れているために登別川の一部に思われがちである。

　国道36号線の下をくぐって下り、アヨロ海岸に出て、太平洋に流れを注ぐ。河口付近のアヨロ海岸は、幌別の金成家の始祖にまつわる地であり、伝説が多く残っている地でもある。

　本章では、上流から下流に向かって紹介していく。

クッタルシト
倶多楽湖

ポロヌプリ
四方嶺

ポンアヨロ
エトコ

ポンヌプリ

アヨロエトコ

クッタルシ
エトコ

カムイワッカ

湯の香橋

洞爺湖登別線

わかさいも本舗

道央自動車道

ポンアヨロペッ

三愛病院

アヨロペッ

登別東IC

カムイエカシ・
チャシ

ヤウンクットマリ

伏古別川

アフンルパラ

カムイミンタラ

オソロコチ

登別川

レプンクットマリ

ポンアヨロ

pon-ayoro ： 子である・アヨロ

　ポンアヨロとは、東側にあるアヨロペッ（アヨロ川）を親川と見なして、その子川の意味であるポンアヨロペッ（ポンアヨロ川）のことで、川のペッが省略された形の語である。また、この川の川口にあったコタンのことであり、かつてのアヨロ場所[注]のあった地でもある。アヨロの原義は、「アイ・オロ・オ：ay-oro-o（矢・そこ・に群在する）」である。遺跡が多くあり、石鏃が出るために名付けられた。

　榊原正文著『データベース　アイヌ語地名5』では「hay-oro　イラクサの茎・の所」の頭の[h]が欠落した形と解釈されている。また、松浦竹四郎著の東西蝦夷山川地理取調図には、現在のポンアヨロ川の位置に「アヨロ」と現在のアヨロ川の位置には「オモンペ」と記載されている。川の呼ばれ方が変わったと考えられる。

[注]　商場知行制で和人とアイヌ民族が交易する場所。場所請負制での交易場所。

ポンアヨロペッは湯の香橋の下をくぐり抜け、その源頭のポンアヨロエトコに向かう（湯の香橋の下流から倶多楽湖の外輪山方面を撮影）

知里の地名研究の特徴は、言葉の成り立ちについて言及していることであるが、特にポンとポロについて『アイヌ語小辞典』で次のように述べている。

---

pon　ぽン《完》①小さい；すくない。(対→poro)。「ぽン・ペッ」pon-pet (小さい・川)／「ぽろ・ペッ」poro-pet (大きい・川)；「ぽン・ト」pon-to (小さい・沼)／「ぽろ・ト」poro-to (大きい・沼)；「ぽン・モイ」pon-moy (小さい・浦)／「ぽろ・モイ」poro-moy (大きい・浦)。②ただし'pon を '小さい'、poro を '大きい' と訳し、それですませていたのではアイヌ語の地名を理解したことにはならない。

　poro も pon も、ともに po (子) から派生した語である。poro はたぶん po-nu→po-no→poro のようにして成立した語である。po-nu は「子を・持っている」ということで、そこから「親である」「親の」という意味が生じ、さらにそこから「年老いた」「大きい」という現行の意味が出て来たのである。pon の方もたぶん po-ne (子・てある) が語原で、「子てある」「子の」から現行の「若い」「小さい」の意味が出て来たのである。地名の中ではまだそのもとの意味が生きているのであって、島でも沼でも湾でも二つならんで存在すると、アイヌはそれを親子連れと考えて、大きい方を poro (親の)、小さい方を pon (子の) と名づけるのである。[21]

ポンアヨロ川の東側にアヨロ川がある。かつては、両者の名前が逆になっていた、という説もある。

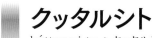

クッタルシト

kúttarusi-to：クッタルシ・沼

　クッタルシトは、クッタルシの沼の意味で、倶多楽湖のことである。クッタルシ（kuttar-us-i）とは、オオイタドリの群生している所という意味であり、イタドリ（方言ドングイ）の漢字名を虎杖と書くので、原名を意訳して虎杖浜と呼ばるようになった。この地域の背後にある湖なのでこう呼ばれた。

　知里は、『分類アイヌ語辞典』第1巻・植物編の中で、オオイタドリについて次のように述べている

---

§287.　オオイタドリ　Polygonum sachalinense Fr. Schm.
(4) kuttar (kut-tar)「くツタル」[中空圓棒状茎] 茎《幌別》《A有珠》
(参考) 若い茎わ、皮をむいて生で食べた。また，枯れた茎わ、それで冬圍いの垣を作った (幌別)。

倶多楽湖と外輪山（のぼりべつクマ牧場の展望台より撮影）

倶多楽湖は、倶多楽火山が大規模な噴火を繰り返してできたカルデラ湖である。流入する川がないために水質はきわめて良く、透明度は摩周湖に次いで2位とされている。

　この湖では、かつて姫鱒の養殖が行われていた。姫鱒は「チップ」とも呼ばれているが、「舟」を表すアイヌ語であり、知里は「和人は舟を食う」という随筆でその間違いを指摘している。

──はじめに述べた通り、アイヌわ魚のことお、「チエプ」またわ「ちエプ」と言う。そしてそれわ本来鮭のことてあった。和人わこれお「チップ」などと訛る。学者の中にさえ、そぉ書く人がある。例えば「カパチップ」（姫鱒）だとか、「タンネチップ」（鰻）だとか。「チプ」chipと言えばアイヌ語でわ舟のことである。いかにアイヌでも舟だけわ食わなかった！舟お喰ったり砂利お喰ったりしたのわ、資本主義はなやかなりし頃の日本人である。──[22]

（注）　読みやすいように「わ」には「は」、「お」には「を」のルビをふった。

オオイタドリ。後ろが倶多楽湖。
（観光道路より撮影）

中が空洞。

オオイタドリの茎の
断面。

カムイワッカ
kamúy-wákka：神・水

　カムイワッカとは、「神の水」という意味で、中登別のコンビニの横にある湧水のことである。もとペケンナイとも言われた。peker-nay（「明るい・小川」「清水の小川」）。昔、かんばつで、どこの川の水もからからに乾いてしまったとき、ここだけ清水がこんこんと湧いていたので「神の水」と呼んだという伝説がある。

　『アイヌ語入門』では、カムイコタンについて「こういう地名のついた所は、いずれも古来交通上の難所として幾多の人命を奪ったような恐しい場所で、そういう場所には恐しい神が住んでいて犠牲を要求するというような考え方にもとづいて名づけられたものなのである。だから、それは、われわれの観念にぴったりする訳語を選ぶなら、むしろ『魔の里』と訳すべきものかもしれない」[23]と述べている。

カムイワッカの湧水。屋根の下よりこんこんと清水が湧いている。
大正時代に蒸気機関車の水の補給に利用したこともある（看板付近より撮影）

さらに『地名アイヌ語小辞典』では、次のように述べている。

---

kamuy-wakka　カむィワッカ　もと'神の水'或は'魔の水'の義。多
くのばあい——ことに北海道南西部において——飲用に適する
清らかな湧水をさす。とくに湿原とか山中とか良好な飲用水の
容易に得られぬような場所にぽかっとすばらしくいい水が湧い
ているばあい、そう名づけたようである。しかし、北の方へ行
くとかならずしもそうではない。辺要分界図考によれば千島の
チリポイ島に唯一カ所だけ水の湧く泉があり、それをkamuy-
wakkaといって、岩砂の間から僅かに一碗ぐらいずつ湧きてる
水が、色も香も全く辛い酒のようだが酌んでひさしくおけば甘く
なったとある。北見国斜里郡知床半島の硫黄山の麓の海岸に
もカムイワッカがあり、これは見たところ清冽そのものであるが
有毒成分を含み、それを飲用水として連用した鉱夫が多数中
毒死したという記録がある。つまり普通の場合と反対に飲用に
ならぬ危険な水をkamuy-wakkaといった例もあるのである。[24]

　このように魔の水の意味で使われることがある「カムイワッカ」であ
るが、ここの水は飲料水としても適した水であり、文字通りの神の
水である。

登別市教育委員会が設置
した説明看板。

カムイミンタラ

kamúy-mintar ： 神・庭

　カムイミンタラとは「神の庭」という意味で、ポンアヨロ川の川口の西側にある丘の上の広場を指す。ここには現在も立木などがほとんど無く、人工的に整備された庭のようになっている不思議な場所である。月夜の晩には神々が降りて舞い遊ぶと伝えられており、古代の祭場だったらしい。

　この場所は、人間の居住地であるヤウンクットマリから見上げる位置にあり、神々が降りてくるにはふさわしい丘といえる。また、先祖が住むポクナシリ（pokna-sir下方の、土地）への入り口のアフンルパラ（ahun-ru-par）も近くにあり、神と人間と先祖の3つの世界が交わる神聖な場所だったと感じられる。

ヤウンクットマリ

カムイミンタラ

人工的に整備したような草地。夜ごと、神々が降りてきて踊るにふさわしい場所。

知里は『アイヌ文学』で熊祭りについて述べており、幌別に伝承されていた歌として下記の歌について記している。

―― (6) ツセカリウポポ[注]（綱を廻る歌）

　檻から出された飼熊は、綱を引かれたまま暫し場内を荒れ廻る。それを「神を舞わせる」(kamuy-sinotte) とアイヌ語では云う。飼熊が荒れ廻っている間、女たちは場内の一隅に屯（たむろ）して歌舞する。それを「ツセカリウポポ」(tus-ekari-upopo「綱を・とりまいて廻る・踊り歌」) と云う。幌別に次のようなウポポがある。

Ayoro-kotan	アヨロ村の
mintar kasi	広場の上で
o-sinot ranke	神が踊っては
kaye kaye	ぐるぐる廻る
Karapto-kotan	カラプト村の
mintar kasi	広場の上で
o-sinot ranke	神が踊っては
kaye kaye	ぐるぐる廻る ――[25]

[注]　ツはトゥである。『アイヌ語入門』ではドと表記されている。

この西側にアフンルパラが位置する。　カムイミンタラ　ヤウンクットマリ

アイヌモシリに住む人間とカムイモシリに住む神とが祭事をとおして交信するにふさわしい場所である。

カムイエカシチャシ

kamúy-ekasi chasi：神祖の　砦

　カムイエカシチャシとは、「神祖の砦」の意味でアヨロ鼻灯台の所にあった砦址のことである。

　知里は、久保寺逸彦との共著で論文「アイヌの疱瘡神『パコロ・カムイ』に就いて」を書いており、その中にカムイエカシについて次のように述べている。

　——膽振國幌別村の豪族金成家の始祖、カムイエカシは、日高の沙流地方から来て、今の膽振國白老郡敷生村字アヨロの地に、かなり大きな村を営んでゐた。——[26]

　知里の母親ナミと伯母金成マツはこの金成家の出である。

カムイエカシチャシに立つアヨロ鼻灯台。右下がヤウンクットマリ。

知里は『幌別町のアイヌ語地名』では、次のように述べている。

――ある時、釧路方面の人々が日本へ船で交易に行った帰りみち、船中で疱瘡にかかった者があったのに、それを秘しかくしてポンアヨロの港に立ちより、宴会をするからと云って膳椀を借りてそれにこっそり疱瘡の膿をこくりつけて何食わぬ顔で立ち去った。そのために部落の人々は片っぱしから疱瘡にかかって死んで行き、最後にカムイエカシまでもその病気にかかって立つことができなかった。そこで彼は坐ったまま小便をした。その頃までは女も男と同様に立ったまま小便する習いだったのを、その時以来女は「カムイエカシにおそれ多いから」というのでかがんで小便するようになったなどと伝えられている。――[27]

カムイエカシチャシとアヨロ鼻灯台。右下窪地が神様の尻餅跡であるオソロコチ。沖のレプンクットマリと陸側のヤウンクットマリの関係が分かる（海上より撮影）

ヤウンクットマリ

yáunkut-tomari：土地の人の碇泊所

レプンクットマリ

repúnkut-tomari：外地人の碇泊所

　ヤウンクットマリとは「土地の人の停泊所」の意味で、ポンアヨロ川の川口のことである。レプンクットマリは「外地人の停泊所」の意味で、川口付近の沖のことである。この川口は砂に埋まって砂浜になっているが、昔は良好な湾であった。虎杖浜地域の郷土史の『ふるさとアヨロ』（高田寅雄著）には、「白老の海岸は波があり、船の着くところはないが、アヨロは入江があり、小さな舟は出入りができた」[28]との記載がある。また、同書ではアヨロ場所はこの地であったとの記載がある。沖に停泊している交易用の大きな舟から、丸木舟（チプcip）に荷を積み替えて陸揚げし、その逆に丸木舟で、沖に停泊している交易船に荷を積んだと考えられる。

河口の砂浜はかつての入江だった。沖には交易用の舟が停泊した。
カムイエカシチャシ（ポンアヨロ鼻灯台）より河口付近を撮影

ヤウンクットマリをゆっくりと発音するとヤウンクルトマリ（ya-un-kur tomari）である。クル（kur）が音韻変化によってクッ（kut）に変化しこのように発音される。レプンとヤウンについて『地名アイヌ語小辞典』では次のように述べている。

---

rep-un　　レぷン《完》沖へ行く；沖の。

rep-un-kur　　レぷンクル　　原義'沖の人'。外来人；外人；外国人。
　　［（沖・の・人）］（対→ya-un-kur）

repunkur-atuy　　レぷンクラドイ　　外海。　外国人の海、すなわち
　　陸地からはるかに離れた海をさす。（対→yaunkur-atuy）。
　　──詞曲の中では'はるか沖合に''ずうっと沖の方で'ということを次のような慣用句であらわす：

　　repunkur-atuy　　　　外国人の海
　　yaunkur-atuy　　　　本国人の海
　　uweusi ta　　　　　たがいに接する所で（神謡集、38）

yáunkur-atuy、-e　　ヤウンクラドイ　　→repunkur-atuy。

yá-un-mosir、-i　　ヤウンモシル　　外国をrep-un-mosir（沖・の国）と
　　云うに対して北海道アイヌは北海道をya-un-mosir（陸・の・国）
　　とよぶ；内地本土。[29]

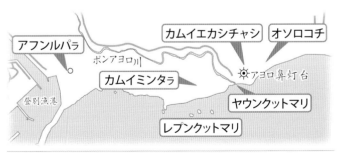

カムイエカシチャシ。オソロコチ。カムイミンタㇻ。アフンルパラ。レプンクットマリ。ヤウンクットマリ。伝説の地が集まっている。

オソロコチ
osóro-koci（その尻・の凹み）

イマニチ
imánici（その魚焼串）

　オソロコチとは、その尻のくぼみという意味で、カムイエカシチャシの東側にある半円形の窪地である。コタンカㇻカムイ（この世を造った神）が、鯨をヨモギの串にさして焼いているうち、突然その串が折れたのでびっくりして尻餅をついた跡と言われている場所である。

　イマニチとは焼き串の意味で、その串が化して岩になったものだといわれている。このくぼみの付近にあった岩のことであるが、串の形の岩は見当たらず、どこにあるか不明である。

オソロコチは、神様の尻餅の跡。オソロコチ（osor-koci）とも呼ばれていた。（カムイエカシチャシより撮影）

知里は、「呪師とカワウソ」（北方文化研究報告第Ⅶ集）に、コタンカラカムイのイムについて述べている。イムとは、何かに驚いた拍子に発する反射的な動作、叫び、またはその叫んだ文句のことである。

――その一　人間の始祖たるコタンカルカムイ^{（注）}が、或日鯨をヨモギの串に刺して炙っていると、突然その串が折れて、鯨が火の中に落ち、ジュウッと燃え上ったので、びっくりして尻餅をついた。そのとたんに次の様にイムをした。

mokor humpe	眠っている鯨を
noya ari	ヨモギの串で
chi-ma awa	炙ったら
a-imanit-ko-ka	焼串がぽっきり折れた。
rep ta an kamuy	沖にいる神
rehe tapne	の名は
Hure-kamuy ne	フレカムイだ。
kim ta an kamuy	山にいる神
rehe tapne	の名は
Sipasipa ne	シパシパだ。
uko-kor poho	その間に生れた子
rehe tapne	の名は
Rikuntuna-	リクントナ
haituna ne.	ハイトナだ。――⁽³⁰⁾

（注）　アコロイタクによる表記では、コタンカラカムイ。

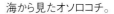
海から見たオソロコチ。

フシコペッ
húsko-pet：古い・川

　フシコペッとは、古い川の意味で、現在の伏古別川のことである。フシコペッという地名は北海道各地にあり、川の流れが変った場合に、昔本流が流れていた川筋をこう呼んだ。昔、登別川の下流では、ヘサンケと呼ばれた丘陵地の山裾を流れて現在の伏古別川の流路を通り、海に流れ出たと伝えられていた。昔は、この川がシラオイ場所とホロベツ場所の境であり、境杭もあった。ただ、谷地が広がっており、特に川口（かわぐち）では流路が変化するために、杭は奥にあったといわれている。

マリンパーク駐車場

丘陵地

国道36号線

倶多楽湖

フシコペッ

JR北海道線路

登別漁港より上ったフシコペッは、JR北海道の線路下をくぐり、マリンパークの駐車場横を抜けてさらに国道36号線下を抜けて町へ入っていく（道道登別港線より撮影）

知里が育った場所は、現在の「知里幸恵　銀のしずく記念館」のあたりであるが、かつてのコタンは丘裾に近い所だったといわれている。駅前平地は、北は丘陵、南はフンベ山で囲まれた小盆地みたいな処であるが、大部分は谷地だったために、山裾附近が住居適地だったと山田は推測している。

コンクリートで護岸され直線化した伏古別川とその川口。

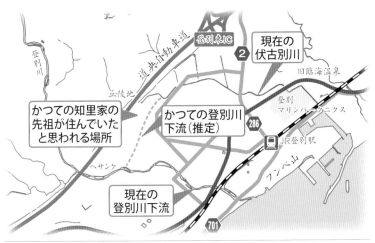

フンペサパと高速道路の走っている丘陵地との間は、盆地状になっており、かつては谷地であった。登別川と伏古別川を山裾沿いに結ぶと昔の姿が浮かび上がる。

アフンルパラ

　登別漁港の東側にアフンルパラがある。アフンルパラ（ahun-ru-par：入る・道・口）とは入る口の意味で、あの世への入り口のことである。『幌別町のアイヌ語地名』の調査のために知里と山田が知里高吉の案内で訪れたのは、金成マツの碑と知里幸恵の墓のある富浦墓地の付近のものである。通常は横穴であるが、このアフンルパラはすり鉢状の竪穴になっている。知里と山田は『北方文化研究報告』に「アフンルパラ」の研究論文を発表し、富浦のものはあの世への入り口ではなく、古代の祭事場ではなかったかと推察している。

富浦にある竪穴のアフンルパラ

登別漁港横にある横穴のアフンルパラ。波も届かなくなっている。

　一方、登別漁港横にあるアフンルパラは、典型的な横穴である。この穴からは、あの世の人が出てきては昆布取りをするという伝説のイメージ通りである。以前は、この穴は波打ち際、潮が満ちると口が埋まるような位置にあった。現在は防波堤によって潮流が変わり、砂の堆積により波打ち際は沖の方に移動している。風景が変わってしまって、あの世から出てきた人たちも、迷子にならないか心配である。

⑦知里真志保を育んだ地

知里真志保の碑
銀のしずく記念館
金成マツの碑と知里幸恵の墓

コラム 掃石荘

知里真志保を育んだ地

　登別小学校の校門付近に「知里真志保の碑[注]」と説明板が設置されている。

　登別小学校の前の通りが旧道で、1872年、明治政府によって作られた本格的馬車道の札幌本道もこの経路だ。この道を室蘭方面に行ったところに富浦墓地があり、知里家やこの地域のアイヌ民族の墓碑も数多く建立されている。「金成マツの碑[注]」と「知里幸恵の墓」もその中に建立されている。この墓地の近くに、アフンルパㇻもある。

　登別小学校の登別川をはさんだ対岸に「銀のしずく　知里幸恵記念館」があり、知里幸恵・真志保姉弟が育った地であり、金成マツが晩年を過ごした地でもある。

[注]　「之」は「の」と表記した。

知里真志保の碑のそばに立つ説明板。登別市教育委員会が作成した。

知里幸恵
銀のしずく記念館

道央自動車道

登別川

文 登別小

知里真志保の碑

金成マツの碑
知里幸恵の墓

旧道

富浦墓地

案内看板

以前に知里真志保の
碑があった場所

アフンルパラ

36

室蘭本線

701

蘭法華トンネル

登別港線

蘭法華隧道

JR富浦駅

富浦漁港

蘭法華岬

知里真志保の碑

　登別市立登別小学校の校門付近にあるが、当初ハシナウシの丘の上に建てられていた。

　1970年出版の『天才アイヌ人学者の生涯　知里真志保評伝』（藤本英夫著）に触発された登別東町・登別本町の住民の間から、郷土の誇りである文学博士知里真志保の「顕彰碑を建てよう」との声がわき上がった。1972年10月には、登別市民有志や知里の出身校である室蘭中学校同窓生により知里真志保顕彰之碑建立委員会が設立され、総額約160万円の募金が集まった。知里が生前に「海の見える川のある丘に住みたい」と言っていたことから、ハシナウシの丘が候補地となり、和光園の経営者だった和田一夫が自社敷地を提供し建立された。こうして1973年、顕彰碑が完成し、知里の命日の6月9日に除幕式が行われた。

「銀のしずく降れ触れまわりに」と刻まれた「知里真志保の碑」。
登別小学校の校門付近。

この碑には「銀のしずく　降れ降れ　まわりに」と刻まれている。知里が生前よく口ずさんでいたアイヌ神謡「ふくろう神が自らを歌った歌」の一節「シロカニペ　ランラン　ピシカン」の日本語訳である。姉幸恵は「銀の滴　降る降る　まわりに」と訳したが、弟真志保は「降れ降れ」と命令形を用いて訳した。幸恵は幼い頃より両親と離れ、祖母との暮らしが長かったため、日本語に加えアイヌ語も母語となっていた。真志保は日本語を使って暮らしていた両親の元で育ったために、母語は日本語になり、アイヌ語は研究対象の言語となった。アイヌ神謡に関しては史的背景の研究を行い、この一節は"フクローの神が深夜貧乏人の家の内部を美しく飾りつけるために「銀のしずく降れ降れ云々」と歌いながら舞った場面を示すのである"と論じた。アイヌ語地名の共同研究者で、最大の理解者だった山田秀三が碑文を寄稿したので、碑には「降る降る」ではなく「降れ降れ」と書かれている。

　その後、崖崩れの恐れが出てきたことに加え、敷地が他社に転売され移設を求められ、1996年9月に知里の母校である登別小学校付近の現在地に移設された。

左側には略歴、右側には建立経緯が書かれている。
（登別小学校の校門付近より撮影）

銀のしずく記念館

　登別小学校の登別川を挟んだ対岸に「知里幸恵　銀のしずく記念館」がある。

　2002年に、知里幸恵の生誕100周年を翌年に控え、その業績を伝える記念館を故郷・登別に建設しようと、知里幸恵記念館建設募金委員会が発足した。知里幸恵の生誕100年を迎えた2003年には、9月13日から15日までの3日間、「知里幸恵生誕100年記念フォーラム『知里幸恵の100年～銀の滴ふる里へ』」を登別市民会館で開催した。

　こうした事業を通じて、延べ約2500名からの寄附金が集まり、木造一部2階建て、延べ面積180㎡が完成し、2010年9月19日に開館した。開館に先立って、9月17日には、アイヌ民族伝統の儀式チセノミ（家への祈り）を行い、北海道ウタリ協会登別支部（現登別アイヌ協会）のメンバーによるアイヌ古式舞踊も披露された。

知里幸恵・真志保姉弟のゆかりの場所に建つ「知里幸恵　銀のしずく記念館」。金成マツが筆録ノートを書いた家も付近にあった。入り口付近。

2015年には、「知里幸恵　銀のしずく記念館」開館5周年を迎え、10月20日に『知里幸恵　銀のしずく記念館ガイド』を発行している。

　この記念館の設立は、知里幸恵・真志保姉弟の姪にあたる横山むつみの念願であった。しかし、開館から6年後の2016年9月21日に死去した。翌年に、初代のNPO法人知里森舎理事長・銀のしずく記念館館長としての功績により、永世館長とされた。

銀のしずく記念館

住所	〒059-0465　北海道登別市登別本町2丁目34-7
TEL/FAX	0143-83-5666
HP	https://www.ginnoshizuku.com
Mail	ginnoshizuku@carrot.ocn.ne.jp
開館時間	AM9:30〜PM4:30（入館はPM4:00まで）
入館料	大人500円　高校生200円　小・中学生100円
休館日	火曜日（祝日を除く）　冬季（12月20日〜2月末日）

幸恵に関する資料が展示されている。展示室。

記念館ガイド。同館で販売されている。

金成マツの碑と知里幸恵の墓

　富浦墓地に、金成マツの碑と知里幸恵の墓が並んで建っている。キリスト教の伝道者であったマツの墓は十字架の墓碑である。

　幸恵の墓は、東京都の雑司が谷の金田一家の墓所に埋葬されたが、1975年に祖先が眠る故郷に改葬された。改葬に当たった佐藤ミサオは、父高吉の養女で幸恵らの妹になる。その夫の佐藤三次郎は、『北海道幌別漁村生活誌』を著した人物であり、子供の頃より知里真志保を兄と慕っていた。

キリスト教の伝道者だった金成マツは、十字架の墓碑である。右隣に幸恵の墓。

1975年に改葬された幸恵の墓。まわりには、親類たちの墓が並ぶ。

1956年春、金成マツは金田一京助の助力により文化財保護委員会より『生きたアイヌ民族資料』として無形文化財保持者に選定され、同年11月3日に紫綬褒章を受章した。翌年11月3日には、第一回登別町功労賞を受賞した。

1961年4月6日、マツは老衰のため死去した。同月9日には、登別町教育委員会葬が行われ、約150人が参列した。アイヌ民族を代表して、登別温泉の森久吉が弔辞を述べた。

入院中であった知里真志保は、葬儀には参列できなかったが、北海タイムスに「金成マツとユーカラ」と題し「今日の研究には、何といってもマツの与えた影響は大きい。そうして、その記録に基づいた分類・翻訳一研究が進められているが、先年始められた集大成の出版がようやく第二巻の刊行にコギつけた有様にも現われているように、決して容易ではないのである」という追悼の談話を寄せた。

登別市教育委員会が設置した案内板と説明板。
説明板の奥に、マツの碑と幸恵の墓がある。

掃石荘

　銀のしずく記念館の付近に知里の住んでいた住居があった。知里は、樺太から帰郷後しばらくは実家に住んだが、手狭だったために中古材で家を建てて家族で住んだ。父の高吉・義弟の佐藤三次郎や近所の植物好きの仲間が集まり、お茶とお菓子で歓談したり、俳句を詠んだりしていた。知里の提案で、それぞれの自宅に「優香園」（高吉宅）、「楽農園」（佐藤三次郎宅）と風雅な名前をつけて楽しんでいた。ところが、当の知里宅の名前が決まらなく思い悩んでいたところ、折良く、金田一京助が訪問してきたために、金田一に頼んでつけてもらった名前が「掃石荘」である。扁額として揮毫してもらい、書斎の入り口に掲げた。
「掃レ石共看二山一色坐枕レ書同聴二雨聲一眠」（石を掃い共に山色を看て座し書を枕に同じく雨声を聴いて眠る）という唐詩があり、これを引用して名付けたものと考えられる。華明（花明）学人とは、金田一の俳句を詠む時の名前である。

知里の自宅に掲げた金田一京助の書となる扁額。本来、日本語の研究者で、俳句も得意だった金田一の書。登別市郷土資料館蔵。

人物と著作

poro kotan koten...

arashpo teeta wenkur tane nishpo ...

i nishpa tane wenkur ne noine shiran,

i teksamta Ainu hekattar

shinotponai ak shinot ponku

inot hor okai,

nohanipe ran ran pishkan

Gani pe ran ran pishkan

an rekpo chiki kane

an enga shi chi kush awa

achi utar unko shikraipa

hawokai i

ka chikappo kamui chikappo

an wa toan chikappo

nui chikappo hoshki ukkur

no rametok shino rametok

ruwe tapan

海ばたに砂山の上に

おもちゃの矢と おもちゃの弓を もって

遊んで居ります。

あんりに P音ヲ 降ろ 銀の水が

あたりに P音ヲ P音ヲ 金の水

といふ歌をうたひながら

浜の上を 通りますと。

子供等は 私を 見つけて

一せんに 申しますね

美しい鳥 神様の鳥

あれを射て 一番先に あのかない鳥

神様の鳥を とった人は

本当の 勇者 本当の 猛者

だ"

知里真志保とまわりの人々

　知里真志保の母方の祖父は、金成ハエリレであり、その義理の兄（姉の夫）が金成喜蔵であった。金成喜蔵は、漁場の経営やマスの養殖などに取り組んだ他、幌別駅前に旅館を作るなど、江戸から明治への時代変化に対応した人物であった。特に新時代に子弟たちが対応できるように学校を設置するよう取り組み、長男の太郎を師範学校に進学させ、相愛学校（後の愛隣学校）の創立に尽力した人物であった。また、母方の祖母がモナシノウクであった。金成マツの残した多くは、モナシノウクの伝承によるものであったし、ナミがマツの没後に金田一京助のユカㇻの翻訳に協力できたのも、モナシノウクからの受け継いだ知識のおかげといえる。幸恵がアイヌ語と日本語の両方を母語にしたのも、この祖母との同居生活が長かったからである。

　父の知里高吉は植物にも詳しく、造園業を営んだり、馬の育成など多方面の事業経営に取り組んだ。知里が「登別でアイヌ時代の地名を詳しく覚えているのは、僕の親爺しかいないのですよ」と山田に話したように地名にも詳しかった。山田は、知里の没後も高吉から聞き取りなどを行って、『幌別町のアイヌ語地名』の復刻の際には地図を修正した。

　姉の知里幸恵は『アイヌ神謡集』を書き終え、校正中に死去した。伯母の金成マツは、幸恵の没後に「ユカㇻ」などのアイヌ口承文芸を書き、金田一京助が日本語訳をつけて『ユーカラ集』として出版した。藤本英夫は、知里真志保や幸恵の伝記を書き、彼らの功績を世に知らしめた。

この章では知里真志保とまわりの人々の略歴と関連する著作について紹介する。

関係家系図

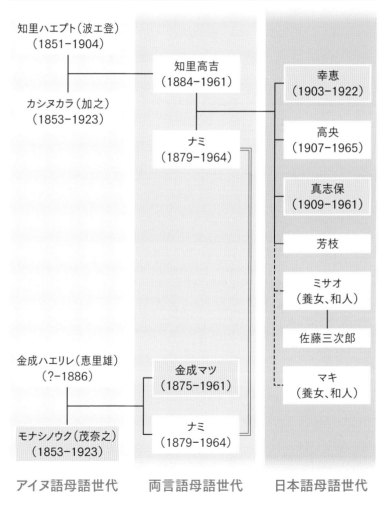

知里真志保

雑誌『民族』と『アイヌ語法概説』

　知里真志保は、1909（明治42）年2月24日、幌別郡幌別村大字登別番外地（現・登別市登別本町）にて 知里高吉、ナミの次男として誕生した。1915年に幌別村登別尋常小学校に入学した。その頃の様子を『アイヌ民譚集』に「そこではもはやアイヌの家が二、三軒しかなく、日常交際する所はほとんど和人のみであったから、私は父母がアイヌ語を使うのをほとんど聞いたことがなかった」と書いている。

　登別尋常小学校を卒業した1921年に、旭川近文に住む伯母の金成マツに預けられ、北門尋常小学校高等科に進んだ。翌年9月姉幸恵の死去後、登別へ戻り、登別尋常高等小学校高等科に転入学した。

　1923年4月、北海道庁立室蘭中学校（現・北海道立室蘭栄高等学校）に入学した。1927年、5年生のとき、最初の著述である「山の刀禰、濱の刀禰物語」が、雑誌『民族』の5月号と7月号に掲載された。この雑誌には、民俗学者の柳田国男や南方熊楠らが執筆しており、一流の学者に並んで中学生が執筆するというのも、異例のことであった。

　1930年第一高等学校（現東京大学教養部）に入学した。1933年、東京帝国大学文学部英文学科に入学し、翌年に、文学部言語学科に転科した。1935年、最初の心臓発作を発症し、終生心臓病とのたたかいとなった。1936年には、卒業論文として執筆したものが、金田一京助と共著という形で『アイヌ語法概説』として出版された。1937年東京帝国大学大学院に入学した。

1927年刊行された『民族』5月号の目次。知里真志保の「山の刀禰濱の刀禰物語」の左2行目、柳田国男の「日置部考」が並んでいる。

恩師金田一京助に遠慮して共著としたが、実質は知里の単独の書である。

1937年郷土研究社発行の『アイヌ民譚集』が、1981年岩波文庫として再版された。

『北方文化研究報告』と『幌別町のアイヌ語地名』

　1940年に樺太庁豊原高等女学校の教員となり、樺太庁博物館技術員を兼務して、樺太各地で調査を行った。ここでの調査と発表した研究論文が、後に博士号の学位取得のための主論文となり、分類アイヌ語辞典などにつながった。知里が、心臓病を抱えながら寒いこの地に赴いたのはこうした理由であった。太平洋戦争が悪化した1943年には、病気を理由に退職し、登別に帰郷した。同年に、北海道帝国大学北方文化研究室嘱託となった。勤務は不定期だったために、登別の自宅での研究が中心で、札幌で仕事をするときはジョン・バチラー[注]の旧宅に宿泊していた。

　この研究室では『北方文化研究報告』を刊行しており、知里は1952年3月発行の第7集以降、病没した年に発行された第16集まで毎回掲載した。報告書は500部作られ、掲載誌3部と自分の論文部分のみの「抜き刷り」30部が贈呈された。『幌別町のアイヌ語地名』は、この報告書の第13集に掲載されたものである。1951年に、山田が北海道曹達株式会社の工場を幌別に作った頃から二人の交流が始まり、1955年には父親の高吉の案内で登別川筋の調査を行い、幌別川筋については板久孫吉の案内で調査を行い、この報告書が作られた。この抜き刷りに赤色の表紙をつけて発行し、同好者に150円で配布した。1960年には『北方文化研究報告』第15集に「室蘭市のアイヌ語地名」を発表し、抜き刷りに緑色の表紙をつけて刊行し、同好者に無料で配布した。この費用は、山田が負担した。1979年に、同書2冊は山田が書き下ろした『登別・室蘭のアイヌ語地名を尋ねて』との箱入りで再版された。

[注]　聖公会宣教師。幌別村（現登別市）では愛隣学校設立などに尽力した。

1958年刊行された『北方文化研究報告』第13集（左）と抜き刷りを元に発行した『幌別町のアイヌ語地名』（右）

1979年の再版時に山田が書き下ろした『登別・室蘭のアイヌ地名を尋ねて』（左）。3冊箱入りの『室蘭・登別のアイヌ語地名』（右）。書名と箱名では登別と室蘭が逆になっている。

『アイヌ語入門』と『地名アイヌ語小辞典』

　1947年、法文学部の非常勤の講師として嘱託され、1949年には、常勤の講師に任官された。1950年、文学部講師となり、同年6月には、札幌市北26条東3丁目にある北大の官舎（通称「大学村」）に転居した。札幌への転居は、新たな人脈を作る上で大きな転機となった。北海道郷土研究会での活動もその一つで、知里真志保の他、河野広道・更科源蔵・高倉新一郎[注]も会員であり、共に全道各地で地名調査をし、多数の道内市町村史書などを執筆・編集・監修した。

　1951年には、北海道郷土研究会理事に就任し、総会終了後、「北海道の地名について」の講演を行った。また、北海道立図書館講堂において「アイヌ語講習会」を行い、テキスト用に「アイヌ語文法入門」を執筆した。これは、1956年に出版した『アイヌ語入門』の原型となったものである。この『アイヌ語入門』は、恩師の金田一京介や他の研究者への批判が各所に書かれているために、そちらに注目が集まった。しかし、アイヌ語地名研究やアイヌ語法研究の内容が市民向けにわかりやすく書かれたものであり、価値のある出版物である。

　1951年、北海道郷土研究会会員のために執筆した『アイヌ語地形語彙』が郷土研究叢書（そうしょ）として発行され、非売品として会員向けに配布された。1956年に出版された『地名アイヌ語小辞典』の元になったものである。

[注]　河野広道：昆虫学者、考古学者。
　　　更科源蔵：詩人、アイヌ文化研究家。
　　　高倉新一郎：農業経済学者、歴史学者。

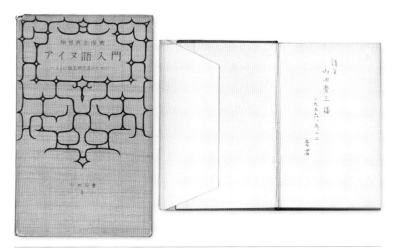

1956年発行の『アイヌ語入門』、知里から山田への謹呈本。知里の署名がある。

『アイヌ語地形語彙』

1956年発行の『アイヌ語小辞典』

『分類アイヌ語辞典』と『知里真志保著作集』

　1953年には、『分類アイヌ語辞典』第1巻植物編を日本常民文化研究所より刊行し、翌1954年に、『分類アイヌ語辞典』第3巻人間編を刊行した。知里は、大学院時代の1937年頃からこの辞典編纂構想を有し、植物・動物・人間・衣食住・生業・祭祀信仰・遊戯・天文・地理・一般語彙・語法の11巻を刊行予定であったが、後に、病気の悪化もあり全5巻に変更となった。

　1954年に北海道大学から文学博士の学位が授与され、3年後の1957年3月、言語学講座が開設された。また、翌1958年3月1日付で、助教授を越えて教授に昇任している。このときの年齢は49歳であり、教授時代は、52歳で病没するまでの3年間という短い期間であった。しかも持病の心蔵病悪化により入退院を繰り返しており、自ら言語学講座の助教授・助手の選考ができず、死去してしまい、没後も、しばらく空席であった。

　1961（昭和36）年6月9日、鬱血性心不全兼心房細動のため斗南病院で死去した。生涯のテーマであった分類アイヌ語辞典も、2巻を刊行しただけであった。1962年に、遺稿をもとにした『分類アイヌ語辞典』第2巻動物編が出版されたが、残り2巻は未刊となった。

　1973年から翌年にかけて、平凡社から『知里真志保著作集1』『同2』『同3』『同4』が刊行された。当初、論考のみ4巻で終了の予定であったが、読者から『分類アイヌ語辞典』を追加出版するよう要請され、『知里真志保著作集別冊Ⅱ』（分類アイヌ語辞典人間編）と『同別冊Ⅰ』（分類アイヌ語辞典植物編・動物編）が刊行された。

生前に『植物編』（左）と『人間編』（中央）が出版され、没後に『動物編』（右）が関係者の努力により遺稿として出版された。

1973〜74年に刊行された『知里真志保著作集』。後年刊行された『別巻Ⅰ　分類アイヌ語辞典　植物編・動物編』と『同Ⅱ　同　人間編』。

知里幸恵

『アイヌ神謡集』

　知里幸恵は、1903年1月15日に知里高吉・ナミの長女として登別にて誕生した。長男の高央が誕生した1907年には、母方の祖母モナシノウクと2人でオカシベツで暮らした。二男の真志保が誕生した1909年には、旭川の日本聖公会近文伝道所勤務の伯母・金成マツに預けられ、祖母モナシノウクとの3人で暮らし始めた。1910年4月には、上川第三尋常小学校に入学するが、9月には旧土人保護法による上川第五尋常小学校（のちの豊栄尋常小学校）が開校し、幸恵らアイヌ民族の子弟はこちらの学校に転校することになった。このように、5歳から祖母モナシノウクと2人で暮らし、6歳から19歳までをモナシノウクと伯母金成マツとともに過ごしたことから、アイヌ語と日本語の2つの言語が母語となった。それに比して、真志保は日本語のみが母語となり、アイヌ語が研究対象の言語となったのは、こうした生い立ちの違いであった。

　1918年に金田一が金成マツを訪れたのを契機に、幸恵は口承文芸を筆録することになった。1920年6月、金田一は幸恵に口承文芸の筆録用ノートを送付し、翌年4月に幸恵は金田一に1回目の筆記ノートを送付し、9月に2回目の筆記ノートを送付した。金田一は幸恵の筆録ノートを民俗学者の柳田国男に見せ、柳田は自ら主宰の郷土研究社刊行の〈爐邊叢書〉の『アイヌ神謡集』として出版することを承諾した。爐邊叢書は、北海道から沖縄・南太平洋までの全国各地の民俗誌・民話・方言・里謡などを集成したもので、36冊が刊行された。

金田一は、幸恵に出版計画とノートから原稿への整理及び改稿の連絡を行った。幸恵は、1922年3月に『アイヌ神謡集』の原稿を完成させ、金田一に送付した。同年5月、幸恵は金田一からの要請を受けて上京し、金田一宅で校正作業を行った。同年8月中旬に心臓発作が起き、帰道を決意したが、同年9月18日に『アイヌ神謡集』の原稿の校正を終えた後に心臓病により急逝した。

1923年に刊行された『アイヌ神謡集』表紙。

アイヌ語をローマ字で記載

Kamuichikap kamui yaieyukara,
"Shirokanipe ranran pishkan."

" Shirokanipe ranran pishkan, konkanipe
ranran pishkan " arian rekpo chiki kane
petesoro sapash aine, ainukotan enkashike
chikush kor shichorpokun inkarash ko
teeta wenkur tane nishpa ne, teeta nishpa
tane wenkur ne kotom shiran.
Atuiteksam ta ainuhekattar akshinotponku(1)
akshinotponai euweshinot korokai.
" Shirokanipe ranran pishkan,
konkanipe ranran pishkan " arian rekpo
chiki kane hekachiutar enkashike
chikush awa, unchorpoke choyuppa
ene hawokai : —
" Pirka chikappo! kamui chikappo!
Keke hetak, akash wa toan chikappo
kamui chikappo tukan wa ankur, hoshkiukkur
sonno rametok shino chipapa ne ruwe tapan "
hawokai kane, teeta wenkur tane nishpa nep
poutari, konkani ponku konkani ponai
───────────
(1) 昔は男の子が少し大きくなると、小さい弓矢を作って興へます。
子供はそれで樹木や鳥などを的に射て遊び、知らず\しらず中に

金田一も美文と認める日本語の素晴らしさ

梟の神の自ら歌つた謠
「銀の滴降る降るまはりに」

「銀の滴降る降るまはりに、金の滴
降る降るまはりに。」ミ云ふ歌を私は歌ひながら
流に沿つて下り、人間の村の上を
通りながら下を眺めるミ
昔の貧乏人が今お金持になつてゐて、昔のお金持が
今の貧乏人になつてゐる樣です。
海邊に人間の子供たちがおもちやの小弓に
おもちやの小矢をもつてあそんで居ります。
「銀の滴降る降るまはりに
金の滴降る降るまはりに。」ミいふ歌を
歌ひながら子供達の上を
通りますミ、(子供等は)私の下を走りながら
云ふことには、
「美い鳥！神樣の鳥！
さあ、矢を射てあの鳥
神樣の鳥を射當てたものは、一ばんさきに取つた者は
ほんさうの勇者だ、ほんさうの強者だぞ。」
云ひながら、昔貧乏人で今お金持になつてゐる者の
子供等は、金の小弓に金の小矢を
───────────
弓矢の衛に上達します。
ak....は弓術 shinot は遊戯 ponai は小矢。

『アイヌ神謡集』の「梟の神の自ら歌った謡」のページ。
左側にアイヌ語、右側に日本語が書かれている。

復刻版『知里幸恵ノート』

　幸恵の死去の翌年、1923年8月10日に、知里幸恵編『アイヌ神謡集』が郷土研究社より〈爐邊叢書〉の第11冊として出版された。左のページにはアイヌ語がローマ字で書かれ、右側には日本語が書かれている。アイヌ語と日本語の両方が母語で、その能力が高かったために、アイヌ語の作品を訳したのではなく、それぞれが作品であった。

　刊行直後から好評を博し、郷土研究社は1926年に再版を行った。さらに、札幌の古書店の弘南堂書店は、1970年に、知里幸恵編『アイヌ神謡集』補訂版を出版し、1974年には再補訂版を出版した。1978年に、岩波書店は岩波文庫版の知里幸恵編訳『アイヌ神謡集』を出版した。

　知里真志保を語る会は、2002年に復刻版『アイヌ神謡集』を出版した。同会では、知里幸恵の生誕100年の記念事業として郷土研究社刊行の初版本を底本に復刻した。巻末には、アイヌ神謡の研究家でもある北道邦彦による「『アイヌ神謡集』版本の変遷」と題して、各版本の違いについての解説文を掲載した。

　知里幸恵の死後、知里幸恵筆記のノートは金田一京助により所蔵されていた。金田一が1971年死去し、1974年に子息の金田一春彦が北海道立図書館に寄贈した。同館北方資料室では「知里幸恵ノート」全6冊の複製版及びマイクロ・フィルムを閲覧に供している。

　北海道教育委員会は、1981年度から5年間、知里幸恵ノートの一部を日本語に訳し、アイヌ民俗文化財調査報告書『知里幸恵ノート』(1)〜(5)として刊行した。

知里森舎は、北海道立図書館所蔵（金田一京助旧蔵）の知里幸恵筆記「知里幸恵ノート」1、2、3、6[注]の4冊を原本複製し、別冊『「知里幸恵ノート」解説』を加えて『復刻版　知里幸恵ノート』として2002年に出版した。

[注]　1、2、3、6は原本であったが、4、5はコピーであったため除外された。2010年に原本の4冊は、北海道指定有形文化財に指定された。

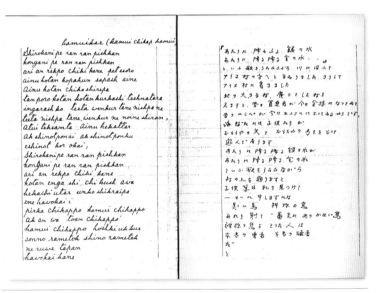

知里森舎が復刻した幸恵ノート。推こうの様子がうかがえる。
「銀のしずく降る降るまわりに」が「あたりに降る降る銀の水」になっている。

金成マツ

『アイヌ叙事詩ユーカラ集』

　金成マツ、1875（明治8）年に父金成ハエリレ、母モナシノウクの長女として、現在の登別市幌別町に生まれた。1949年、物を探しに樽の上に乗っていたときに、下へ落ちて腰を強く打ち、命は取りとめたが松葉杖の生活となった。1950年秋、函館アイヌ学校が始まり、妹ナミとともに入学した。翌年には、ジョン・バチラーより受洗し、マツはマリア、ナミはサロメの洗礼名を受けた。1898年、マツ、ナミ姉妹は、函館伝道学校中退のまま、バチラーの指示によりバイブルウーマンとして、平取聖公会教会に赴任し伝道活動を始めた。

　マツは、1909年に旭川の聖公会講義所に転勤になり、日曜学校を担当した。同年の秋には、母親のモナシノウクと姪の幸恵と同居を始めた。翌年に、近文聖公会講義所が新築され、転居した。ここでは、日曜学校の生徒65名を指導し、婦人達に裁縫や編み物、読書を指導した。1918年8月に、金田一京助はバチラーの紹介で、マツに会うために講義所を訪問した。金田一はこのときに幸恵と出会い、その様子を「近文の一夜」として随筆に書いた。

　1928年にマツは、日本聖公会を退職し、登別に帰郷した。同年8月、マツは、幸恵の7回忌に合わせ上京し、金田一宅でユーカラのローマ字筆記を始めた。当初、マツがユカラ(注)を語り金田一が筆録する予定であったが、金田一は仕事が忙しかったために、筆録ができずにいた。退屈したマツが、試しにローマ字でユカラを10ページほど書き下ろした。金田一が帰宅後それを朗読すると、マツは、『私の書いたものでも、先生がそのようにお読めになれます

なら、何も先生を煩わすことがありません。私が書きます』と答えた。それ以来金田一宅に滞在した2カ月の間に、ノート10冊に書きあげた。北海道へ帰ってからも1947年まで金田一京助の元に筆録ノートを送り続けた。金田一は、これらのノートを元にローマ字で書かれたユーカラのアイヌ語に日本語訳をつけ、1959年12月に『アイヌ叙事詩ユーカラ集　第一巻』（金成マツ筆録・京助訳注）（三省堂）を刊行した。

　マツが、筆録を始めた1928年から30年後のことであり、いかにユカㇻの翻訳が難しいかが分かる。幸恵は、比較的短いアイヌ神謡だった上にアイヌ語と日本語を一人で書いたが、金田一はマツの書いたアイヌ語を逐語訳して更に作品にするには相当な苦労があったことがしのばれる。

　1961年に、マツは老衰のために死去したが、その後、1966年までに同書の2～7巻が刊行された。8と9巻は、金田一筆録と訳注である。

㊟　金田一は「ユーカラ」と表記しているが、現在は「ユカㇻ」と表記することが一般的である。

第Ⅰ巻～第Ⅶ巻は、金成マツ筆録・金田一京助訳注。第Ⅷ巻と第Ⅸ巻は、金田一京助筆録・訳注である。

まわりの人々

山田秀三と『ユーカラの里』

　知里真志保は、『アイヌ語入門』が他の研究者を批判した内容であったために、アイヌ語地名の研究者達との確執が生まれた。しかし、山田秀三だけは終生の学究であり、友人であった。

　山田は、1899年に東京市で誕生し、内閣官房参事官、軍需省化学局長などを歴任した。戦後になり、商工省整理部長を退官した。1949年に創立した北海道曹達株式会社の社長に就任し、1951年から幌別工場の操業を始めた。この頃より、東京の自宅と札幌の会社の寮、幌別の役員社宅を行き来する生活が始まった。

　アイヌ語地名については、戦前の仙台鉱山局長時代に東北地方の不思議な地名に関心を持ち、1946年より金田一からアイヌ語地名研究の私的教授を受けるようになった。しかし、北海道での生活時間が長くなってきたために、金田一から代わりとして知里が紹介され、両者の交流が始まった。

　北海道曹達株式会社の職員と郷土を知る取り組みも兼ねて「アフンルパ_ラ」の調査を行い、「あの世の入り口 ─いわゆる地獄穴について─」を知里と共著した。

　また、1966年には登別温泉ケーブル株式会社は、山田秀三著の『ユーカラの里』を発行した。同社ののぼりべつクマ牧場に作られたユーカラの里（前述コラム参照）に展示されているチセや民具について解説している。施設用のガイドブックであるが、文化についても詳しく解説してされており、現在も同社で200円という安価で販売されている。

山田から藤本英夫への謹呈の署名。

アフンルパㇻの底部に立つ会社の有志たち。「あの世の入り口」『北方文化研究報告』

左は『ユーカラの里』の表紙。右は、民具などを紹介している記事。
初版1966年発行。写真は、2010年改訂11版。

金田一京助と『北の人』

　知里幸恵と真志保の姉弟と金成マツを世に出し、その才能を生かすことになったのは、金田一京助の尽力によるものであった。

　金田一は、1882年に岩手県盛岡市で生まれた。1904年に東京帝国大学文科大学（現・東京大学文学部）に入学し、友人たちと日本語を取り巻く言語との比較研究をすることになり、琉球語との関係、朝鮮語との関係、南洋語との関係というように手分けをし、金田一はアイヌ語と日本語との関係を研究することになった。

　1918年に、ジョン・バチラーの紹介で、金田一は金成マツを訪ね、旭川区立女子職業学校の2年生だった幸恵と会った。このときに、幸恵のアイヌ口承文芸に関する優れた才能を見いだし、筆記・記録するよう勧めることになった。

　1930年には、知里真志保に第一高校学校（現東京大学教養部の前身）への進学を勧め、自宅に寄寓させ受験勉強をさせた。知里とは1947年に児童向けの世界昔ばなし文庫の『りくんべつの翁』を共著した。

　1934年には、随筆集『北の人』を出版した。これには、金成マツと知里ナミに関する「葉がくれの花」や金成マツと知里幸恵との出会いに関する「近文の一夜」、「知里幸恵さんのこと」などが掲載されている。また、登別温泉の発展に尽力した実業家の栗林五朔が、金田一の北海道での調査に協力した様子を書いた「室蘭王」も掲載されている。

上編　北海道の話を金田一が執筆。
下編　カラフトの部を知里が執筆。
世界昔ばなし『りくんべつの翁』

『北の人』知里幸恵や母親のナミ、
伯母の金成マツのことなども書かれて
いる。

『北の人』の目次

藤本英夫と「中学1年国語教科書」

　知里真志保や知里幸恵が多くの人に知られるようになったのは、藤本英夫が彼らの伝記を発表したことによる。藤本は、1927年留萌管内天塩町で生まれ、北海道大学法文学部経済学科卒業後、静内高校などで教諭として勤務し、北海道教育委員会の指導主事、北海道文化財研究所所長などを歴任した。登別市においては知里真志保を語る会の設立を呼びかけ、設立後はその運営を支援した。また、登別市教育委員会や同市立図書館主催の講演会の講師を務めるなど、登別のアイヌ文化の発展に寄与した。

　知里真志保については、1970年に『天才アイヌ人学者の生涯　知里真志保評伝』を講談社から、1982年に『知里真志保の生涯』を新潮社から、1995年に『知里真志保の生涯　アイヌ学復権の闘い』を草風館から出版している。

　幸恵については、1973年に『銀のしずく降る降る』を新潮社から、1991年には『銀のしずく降る降るまわりに　知里幸恵の生涯』を草風館から、更に2002年に『知里幸恵─十七歳のウエペケレ』を草風館から出版した。

　また、1981年度から教育出版株式会社の中学1年国語教科書に「銀のしずく降る降る　知里幸恵の生涯」が掲載され、知里幸恵の全国的人気を生み出した。

知里真志保の人物伝3作

知里幸恵の人物伝3作

知里幸恵の全国的人気を生んだ教科書への書き下ろし。教育出版『中学国語1』

引用一覧

(1) 『アイヌ語入門 －特に地名研究者のために－』(以下『アイヌ語入門』)
    知里真志保著、北海道出版企画センター、1985年復刻発行2004
    年七刷り発行、p.39

(2) 同上、p.42～43

(3) 「幌別町旧地名図」 山田秀三作、知里真志保を語る会、2004年復
    刻発行

(4) 『幌別町のアイヌ語地名』知里真志保・山田秀三著、知里真志保を
    語る会、2004年復刻発行、p.15~16

(5) 『登別・室蘭のアイヌ語地名を尋ねて』山田秀三著、知里真志保を語
    る会、2004年復刻発行、p.24

(6) 『幌別町のアイヌ語地名』知里真志保・山田秀三著、知里真志保を
    語る会、2004年復刻発行、p.16~17

(7) 『アイヌ語入門』 知里真志保著、北海道出版企画センター、1985年
    復刻発行2004年七刷り発行、p.43

(8) 『幌別町のアイヌ語地名』知里真志保・山田秀三著、知里真志保を
    語る会、2004年復刻発行、p.22

(9) 同上、p.22

(10) 『地名アイヌ小辞典』 知里真志保著、北海道出版企画センター、
    1984年復刻発行1988年三刷り発行、p.55、p.118、p.146

(11) 『登別・室蘭のアイヌ語地名を尋ねて』山田秀三著、知里真志保を語
    る会、2004年復刻発行、p.32

(12) 『新版蝦夷日誌』(上「東蝦夷日誌」)吉田常吉編松浦武四郎著、時
    事通信社、1984年新版、p.94

(13) 同上、p.94

(14) 『幌別町のアイヌ語地名』知里真志保・山田秀三著、知里真志保を
    語る会、2004年復刻発行、p.21~22

(15) 『登別町史』登別町役場、1967年 p.501

(16) 『アイヌ語入門』 知里真志保著、北海道出版企画センター、1985年
    復刻発行2004年七刷り発行、p.33～34

(17) 『幌別町のアイヌ語地名』知里真志保・山田秀三著、知里真志保を
    語る会、2004年復刻発行、p.23

(18) 同上、p.24

（19）「幌別町旧地名図」 山田秀三作、知里真志保を語る会、2004年復刻発行

（20）『幌別町のアイヌ語地名』知里真志保・山田秀三著、知里真志保を語る会、2004年復刻発行、p.24

（21）『地名アイヌ小辞典』 知里真志保著、北海道出版企画センター、1984年復刻発行1988年三刷り発行、p.98

（22）『知里真志保著作集　別冊Ⅰ　分類アイヌ語辞典　植物編・動物編』、知里真志保著、平凡社、1996年初版5刷発行、p.159

（23）『和人は舟を食う』 知里真志保著、北海道出版企画センター、1986年発行、p.65

（24）『アイヌ語入門』 知里真志保著、北海道出版企画センター、1985年復刻発行2004年七刷り発行、p.40

（25）『地名アイヌ小辞典』 知里真志保著、北海道出版企画センター、1984年復刻発行1988年三刷り発行、p.42

（26）『知里真志保の「アイヌ文学」』 知里真志保著、クルーズ、2012年発行、p.67

（27）「アイヌの疱瘡神「パコロカムイ」について」『人類學雑誌』第55巻 第3號久保寺逸彦・知里真志保、1940年発行、p.30

（28）『幌別町のアイヌ語地名』知里真志保・山田秀三著、知里真志保を語る会、2004年復刻発行、p.8~9

（29）『ふるさとアヨロ（上）』高田寅雄著、高田ミツエ発行、2004年、p.24

（30）『地名アイヌ語小辞典』 知里真志保著、北海道出版企画センター、1984年復刻発行1988年三刷り発行、p.107、p.145

（31）『知里真志保著作集　2　説話・神謡編Ⅱ』 知里真志保著、平凡社、1973年初版1996年5刷発行、p.198

登別川を巡る1泊2日の旅

フリーランス編集者　本多政史

新登別大橋から見た登別川

　某日、㈱クルーズの橋場江里子さんから電話があった。「今度、登別川のアイヌ語地名に関する本を出すことになったの。編集、手伝ってくれない?」

　いつものことだが、彼女からの依頼は簡潔である。聞くと、かつて私も一部編集に携わった同社刊『知里真志保　アイヌの言霊に導かれて』の著者、小坂博宣さんだという。面白そうなテーマなので喜んでお手伝いすることした。数日後、クルーズで橋場さんから小坂さんを紹介してもらう。お会いするのは初めてだが、にこやかな笑顔が印象的な人だ。

　原稿を読ませていただき、疑問点の確認やアドバイスを含めたやり取りを小坂さんと数回繰り返す。そんな中、橋場さんから「登別に行って、小坂さんに登別川など関連スポットを案内してもらいましょう」と提案される。それは、私にとって願ったり叶ったりのもの

だった。文章を読んだだけでイメージするには限界があったからである。そして、紅葉に包まれた登別へ１泊２日の旅に出かけた。

✿ スタートは新登別大橋近くの駐車公園から

小坂さんとの待ち合わせ場所は、新登別大橋を渡ったすぐ右手にある駐車公園。ここでまずは今通ってきたばかりの新登別大橋まで歩いていく。そしてこの橋の下を流れる川こそが、この本の主役ヌプルペッ、登別川だったのである。ここは上流部で「綺麗な川」を意味するペケレペッと呼ばれている流域である。深い森の鋭く刻まれた谷底で、青みを帯びた綺麗な流れを見せてくれる。私たちの登別川を巡る旅は、こうして始まった。

アップにすると川の綺麗さ具合がよく分かる

✿ 大湯沼駐車場から足湯まで

私たち一行は、次に大湯沼（ポロユ）へと向かう。地獄谷の北側上方にある湯沼で、背後にそびえる日和山が噴火した際の爆裂火口跡に溜まってできたものだ。沼の表面温度は40〜50℃で灰黒色をしている。

登別 大湯沼

大湯沼から流れ出る
大湯沼川（ユエサンペッ）

この沼から流れ出る湯水いや硫黄泉が大湯沼川（ユエサンペッ）となり、少し下流で足湯のスポットとなって若いカップルをはじめとした観光客たちを楽しませてくれる。ふと、かつて訪れた知床の「カムイワッカの湯滝」を思い出した。

これらの観光スポットは、駐車場料金を別にすればすべて無料で楽しめる。まさに自然の息吹を体感できる貴重な観光地といえよう。

🌿 倶多楽湖へ

次は白老町に位置しながらも登別市側からしか行けないという倶多楽湖（クッタルシト）へ向かう。周囲約8km、最大水深が148mのカルデラ湖。流入流出河川がほぼなく、透明度が摩周湖に次いで日本で2番目に高い、最も丸い湖と

大湯沼川下流の天然足湯

いわれている。湖水は地下水として湖底から漏出しており、水質は抜群。かつて環境省による公共用水域水質測定では湖沼部門で1位になったことがあるほどだ。

また、このあたりは開発が厳しく制限されており、今も北海道の原始の植生が残されている貴重な存在で

静寂の中のクッタラ湖

もある。この湖には1910（明治43）年に十和田湖や支笏湖からヒメマス（チップ）が移植され、以降はその養殖も行われている。

　倶多楽湖の景観は、道道350号沿いの倶多楽湖畔と扇型展望台から楽しむことができる。

✿ 中登別のカムイワッカ

　昼食後は中登別のコンビニ横にあるカムイワッカ（神の水）と呼ばれる湧水池へ向かう。開拓者はまず飲める水の得られる場所を探し、そこを開拓地の拠点に選んだという。いくら水に恵まれた北海道とはいえ、こうした湧水が得られるところは限りがある。この湧水も、生命の水として開拓者やアイヌの民たちの喉を潤したことだろう。ちなみに、この池から流れ出る小川は、下流のポンアヨロ川と合流して太平洋に注がれている。

カムイワッカ

✿ 登別温泉「夢元さぎり湯」そして地獄谷へ

　続けて、私たちは登別温泉街へ向かった。登別温泉のアイヌ名はパンケユ。温泉街では登別温泉唯一の日帰り専用入浴施設である「夢元さぎり湯」へ行き、浴場を撮影させてもらう。

　私は北海道の温泉本を数冊出版している。もちろんこの施設も取材、入浴していた。だが、この手の施設は数年おきに手入

登別温泉　夢元さぎり湯

れをすることもよくある。施設自体は設備も変わっていなかったが、案の定、浴場の壁が微妙に変わっていた。

　入浴料金（入浴のみ、7:00～最終受付20:30）は大人450円、小学生180円。また、有料休憩室（7:00～20:00）が利用できる1日券（大人650円、小学生300円）を利用するとのんびりできる。温泉自体は硫黄泉と明バン泉の2浴槽で、ほかにジャグジーやサウナを設備。施設裏手などに駐車場もある。宿泊施設とは異なり、気軽に入浴を楽しめるのでおすすめだ。

　午前中に行った大湯沼のすぐ下が地獄谷なのだが、小坂さんの行程では午後になった。何度も来たことがある地獄谷。だが今回のような形でここを見るのは初めてである。

地獄谷のヌプルな流れ

ここには目にいい「目の湯」と呼ばれる明バン泉を見ることができる場所もある。だが、大湯沼と並ぶ霊力を感じさせるのはヌプル（濃い色）を目の当たりにできるところ。谷に沿って数多くの湧出口や噴気孔があり、泡を立てて煮えたぎっている。そしてヌプルな硫黄泉が噴出し、水と混じりあって濁った流れを構成しているのだ。そして、その風景が「鬼の棲む地獄」の由来となった。

✿ カルルス温泉鈴木旅館へ

　その後、今回の宿泊地となるカルルス温泉（ペンケユ）へ向かう。宿泊施設は鈴木旅館。1899（明治32）年、カルルス温泉の誕生とともに開業した最老舗。現在4軒が営業しているこの温

泉郷の中ではほぼ中心部にあり、すぐ近くを登別川本流が流れている。川のそばに「千歳川」の看板があった。不思議に思って小坂さんに訊ねた。すると「この川はかつて千歳川と名付けられ、そう呼ばれた時

カルルス温泉鈴木旅館外観

期もありました。でも、現在では国土地理院の地図でも登別川と表記されているのですよ」という答えが返ってきた。

　鈴木旅館の浴場は内湯のみ。だが、3つの湯船と打たせ湯があり、湯治場として知られているように、かぶり湯や飲み湯も設備する。カルルス温泉の名は、名湯の誉れ高いチェコのカルロビ・バリの旧地名カルルスバードにちなむ。泉質は単純温泉で湯もちがすこぶるいい。

　ちなみに日帰り入浴は13:00〜20:00で入浴料大人500円、3歳〜12歳250円。宿泊は1泊2食付き6900円から。

オロフレ峠は壮瞥と登別の分水嶺

　翌日、宿での朝食を済ませた後、私たちはオロフレ峠へと向かった。小坂さんによれば、この峠は壮瞥側と登別側の分水嶺（雨水が異なる水系に分かれる場所）で、夏場は登別側で雨が続き、壮瞥側では好天が続くという。

　この峠、私が子供の頃はカーブの多い急傾斜のダート道で、同じダートの中山峠と並んで交通の難所だった。夏に父の友人が運転する車に乗って壮瞥側からここを通った時、カーブで車がスリップして肝を冷やした記憶がある。

🌸 富浦墓地そして銀のしずく記念館へ

　続いて登別川の川口(ヌプルペップトゥフ)を見に行く。なぜ河口ではなく川口なのだろう。

　普通、私たちは、川は山の源頭から河口に向かって下ると考える。しかし、小坂さんによれば「古代の人たちの考えでは、川は川口から始まり山へ向かって上っていく」というのだ。サケが川を上っていくかのように。

　次に登別小学校へ向かう。その校門付近に「知里真志保の碑」がある。碑には「銀のしずく降れ降れまわりに」と刻まれている。そして金成マツの碑と知里幸恵の墓が並ぶ富浦墓地を訪れる。そこには知里家代々の墓もあった。

　午前中の最後には、登別小学校の登別川を挟んだ対岸にある「知里幸恵 銀のしずく記念館」を訪ねる。可愛らしい2階建ての施設でどこか知里幸恵を偲ばせる。延べ2500名の寄付金により2010年9月に開館した。ここは幸恵・真志保のゆかりの地で、金成マツの家も近くにあったそうだ。駐車場も完備しているので、登別へ行った際にはぜひ訪れてほしい。

知里幸恵(後列右)と金成マツ(前列中央)
(銀のしずく記念館蔵)

知里幸恵像(銀のしずく記念館)

✤ ポンアヨロ川口のカムイエカシチャシ

昼食後に行ったポンア
ヨロ川の川口、アヨロ鼻
灯台のところにある砦址、
カムイエカシチャシ（神祖
の砦）がこの旅最後の場
所だった。カムイエカシと
は、日高の沙流地方から

アヨロ海岸

来て、現在のアヨロの地に大きな村を営んでいた豪族、金成家
の始祖だそうだ。

そう、知里真志保の母親ナミと伯母の金成マツは、この金成家
の出であったのである。

カムイエカシチャシは、ポンアヨロ川の川口からアヨロ鼻灯台に
向かって登った裏手にあった。川口の砂浜は、かつては沖に停泊
した交易船から丸木舟に荷を積み替えて陸揚げし、またその丸木
舟で交易船に荷を積んだとされている。ここはまさに自然のままのヤ
ウンクットマリ（土地の人の停泊所）だったのである。

こうして、ヌプルペッを巡る旅は終わりを告げた。

カムイエカシ チャシ

参考文献

知里真志保『アイヌ語入門 −とくに地名研究者のために−』(にれ双書Ⅰ)／楡書房 1956年

知里真志保 (復刻)『アイヌ語入門 −とくに地名研究者のために−』／北海道出版企画センター 1985年

知里真志保『アイヌ語地形語彙』／北海道郷土研究会 1951年

知里真志保『地名アイヌ語小辞典』(にれ双書Ⅱ)／楡書房 1956年

知里真志保 (復刻)『地名アイヌ語小辞典』／北海道企画センター 1984年

知里真志保・山田秀三「幌別町のアイヌ語地名」『北方文化研究報告』第13輯 1958年3月

知里真志保・山田秀三「室蘭市旧地名考」『北方文化研究報告』第15輯 1960年3月

知里真志保・山田秀三『室蘭・登別のアイヌ語地名』(3冊組)／噴火湾社 1979年

山田秀三『登別・室蘭のアイヌ地名を尋ねて』／噴火湾社 1979年

知里真志保・山田秀三 (復刻)『室蘭・登別のアイヌ語地名』／知里真志保を語る会 2004年

知里真志保・山田秀三「あの世の入口−いわゆる地獄穴について−」『北方文化研究報告』第11輯 1956年

雑誌『民族』1927年5月号 7月号

金田一京助・知里真志保『アイヌ語法概説』／岩波書店 1936年

知里真志保『アイヌ民譚集』／郷土研究社 1937年

知里真志保 (復刻)『アイヌ民潭集・付 えぞおばけ列伝』(岩波文庫)／岩波書店 1981年

知里幸恵原訳・知里真志保補註『アイヌ神謡 銀のしずく降れ降れまわりに−ふくろう神が自分を演じた歌−』(郷土研究資料シリーズ№.1)／北海道郷土研究会 1951年

知里真志保『アイヌ文学』(民族教養新書24)／元々社 1955年

知里真志保 (復刻)『アイヌ文学』／知里真志保を語る会 2011年

小坂博宣編『知里真志保の「アイヌ文学」』／クルーズ 2012年

知里真志保「アイヌの鮭漁 −幌別における調査−」『北方文化研究報告』第14輯 1959年3月

知里真志保『分類アイヌ語辞典』第1巻・植物篇 (日本常民文化研究所彙

　　報64）／日本常民文化研究所 1953年

知里真志保『分類アイヌ語辞典』第3巻・人間篇（日本常民文化研究所彙
　　報68）／日本常民文化研究所 1954年

知里真志保遺稿『分類アイヌ語辞典』第2巻・動物篇（日本常民文化研究
　　所彙報87）／日本常民文化研究所 1962年

『知里真志保著作集』全6巻／平凡社 1973年〜1976年

講演記録『知里真志保博士講演　アイヌの歴史について』／登別郷土文化
　　研究会 1990年

山田秀三『ユーカラの里』／登別温泉ケーブル会社 1966年

山田秀三著『北海道の地名』／北海道新聞社 1984年

山田秀三著『東北・アイヌ語地名の研究』／山田秀三 草風館 1993年

山田秀三「知里博士のシルエットアイヌ出身の偉人者を偲んで」『政治公論』
　　第55号／1967年

永田方正『北海道蝦夷語地名解』／草風館 1984年

吉田常吉編松浦武四郎著『新版蝦夷日誌』／時事通信社 1984年

「アイヌの文学」『岩波講座 日本文学史』第16巻／岩波書店 1959年

榊原正文『データベースアイヌ語地名5』（胆振中東部）／北海道出版企画
　　センター 2011年

榊原正文『アイヌ語地名釣歩記　北海道のエコ・ツーリズムを考える』／北
　　海道出版企画センター 2006年

『登別町史』／登別町役場 1967年

最上徳内著・吉田常吉編『蝦夷草紙』（時事新書）／時事通信社 1965年

小坂博宣『知里真志保〜アイヌの言霊に導かれて』／クルーズ 2010年

小坂博宣編『インカラアンロ　室蘭・登別沿岸のアイヌ語地名研究』／知里
　　真志保を語る会 2006年

知里真志保書誌刊行会編『知里真志保書誌』／サッポロ堂書店 2003年

知里幸恵編（復刻）『アイヌ神謡集』郷土研究社発行／知里真志保を語る
　　会 2002年

知里幸恵編訳『アイヌ神謡集』（岩波文庫）／岩波書店 1978年

復刻『知里幸恵ノート』／知里森舎 2002年

金成マツ筆録・金田一京助訳注『アイヌ叙事詩ユーカラ集』第Ⅰ〜Ⅶ巻

金田一京助筆録・訳注『アイヌ叙事詩ユーカラ集』第Ⅷ・Ⅸ巻

金田一京助『北の人』／梓書房 1934 年
金田一京助編『辞海』／三省堂 1952 年
藤本英夫『天才アイヌ人学者の生涯　知里真志保評伝』／講談社 1970 年
藤本英夫『知里真志保の生涯』(新潮選書)／新潮社 1986 年
藤本英夫『知里真志保　アイヌ学復権の闘い』／草風館 1994 年
藤本英夫『銀のしずく降る降る』／新潮社 1973 年
藤本英夫『銀のしずく降る降るまわりに』／草風館 1991 年
藤本英夫『知里幸恵　十七歳のウエペケレ』／草風館 2002 年
1981 年度版『中学校 1 年国語』／教育出版
佐藤三次郎著『北海道幌別漁村生活誌』(アチックミューゼアム彙報 第 19)
　　／アチックミューゼアム 1938 年
武田泰淳著『森と湖のまつり』／新潮社 1958 年
湊正雄著『アイヌ民族誌と知里真志保さんの思い出』／築地書館 1982 年
竹内渉『戦後アイヌ民族活動史』／解放出版社 2020 年
竹内渉『森久吉研究報告書』／竹内渉 2008 年
竹内渉編『北海道アイヌ (ウタリ) 協会史　研究 1 報告書』／結城庄司研究
　　会 2006 年
竹内渉編『北海道アイヌ (ウタリ) 協会史　研究 2 ノート』／結城庄司研究会
　　2007 年
『登別アイヌ協会と知里真志保を語る会』／登別アイヌ協会 2019 年
『70 年の小録』／登別温泉株式会社 1985 年
『山峡の名湯』／カルルス温泉開湯百周年記念実行委員会 1999 年
中川裕著『アイヌ語千歳方言辞典』／草風館　1995 年
萱野茂著『萱野茂のアイヌ語辞典増補版』／2002 年
田村すず子『アイヌ語沙流方言辞典』／ 1996 年

おわりに

「若人がこの書を受けつぎ、新たに真実を見つけ、20年後の若人にまた、この書よりさらに上のものを伝えてくれることを願いながら……」

　この一文は、1979年に発行された山田秀三著『登別・室蘭のアイヌ地名を尋ねて』の中表紙に書かれている言葉である。私が、山田先生にお会いしたのは、知里真志保を語る会が1989年に開催した講演会のときであった。当時、山田先生は既に90才という御高齢で、御自宅のある東京からの遠出は控えられていたが、藤本英夫先生や北海道曹達株式会社関係者の方々の御助力でお越しいただくことになった。講演後に、当日の写真とビデオ映像をお送りしたところ、「参ってよかったなと喜んでおります」とのお手紙を頂いた。今では、このお手紙は私にとっての「お宝」となっている。

　この講演からは30年以上が過ぎた。この間、2004年に『室蘭・登別のアイヌ語地名』を復刻出版し、2006年には同書を元に北海道ウタリ協会登別支部の若者たちと『室蘭登別のアイヌ語地名研究　インカゥアンロ』を出版し、これらをテーマに学習会や講演会を行ってきた。そして、このたび本書を出版することになった。「この書よりさらに上のものを伝えてくれる」ということは到底できないが、山田先生と知里先生のアイヌ語地名を後世に残したいという思いの一端を紹介できたと自負している。

　素人が本を出すということは、大変なことである。ましてや読まれやすいようにするのは、至難の業である。子供の頃から国語が苦手で、宿題の作文や感想文の提出に四苦八苦していた自分が本を出すことなど想像もできないことであった。今回の出版に当たっては、請け負ってくれた株式会社クルーズの橋場江里子氏には、読みやすくする工夫をしていただき、スタッフの方々には見やすい地図を作製していただいた。本多政史氏には、読者に親しんでもらえるよう種々のアドバイスを頂いた上に、特別寄稿までしていただいた。

　校正に当たって、アイヌ語に関しては様似町の大野徹人氏、登別の地域や事象に関しては登別市教育委員会の菅野修宏氏と平塚理子氏、全般に関しては元北海道アイヌ協会事務局長の竹内渉氏から御助言を頂いた。多くの方々の御協力を頂いて、思った以上の出来映えになったことを感謝申し上げたい。

2019年にアイヌ政策推進法ができ、アイヌ民族が先住民族として認められ、2020年に白老町にウポポイが開設され、アイヌ文化への関心が高まっている。しかしながら、アイヌ施策推進法は先住権の補償には言及されておらず、各地のアイヌ協会では会員の高齢化と会員数の減少により運営が難しくなっていると聞く。登別アイヌ協会においても、会員数の減少により儀式などの伝承活動も難しくなってきている。本書が、多くの人にアイヌ文化への関心を持ってもらい、こうした事にも目を向けられるきっかけになればと願っている。

　最後に、前述以外の方々にもお世話になった。お名前を掲載し謝意を表したい。上武和臣、出村文理、小野邦夫、小川正人、松本徹、荒川昌伸、堀江純子、日野安信、鈴木寿一、萱野志朗、貝澤耕一、登別国際観光コンベンション協会、登別アイヌ協会、知里真志保を語る会、知里森舎（順不同、敬称略）。

2021年1月

編著者プロフィール

小坂 博宣（こさか ひろのぶ）

1955年室蘭市生まれ。北海道登別市在住。北海道大学工学部卒業後、登別市内と室蘭市内の小中学校で事務職員として勤務。退職後、登別市の市史編さん専門員として『新登別市史』の編さんに携わった。1978年より北海道ウタリ協会登別支部（現登別アイヌ協会）の再建に協力。伝統儀式の開催やアイヌ語教室の開催などの伝承事業に取り組んできた。現在、同会事務局長。1988年知里真志保を語る会準備会を設立し、1992年の「知里真志保を語る会」を正式に発足させ、講演会の開催やアイヌ民族衣装展の開催などの啓発事業に取り組んできた。現在、同会副会長。
著書に『知里真志保～アイヌの言霊に導かれて～』。共著で『インカ_ラアンロ - 室蘭登別アイヌ語地名研究報告 - 』、『アイヌ神謡集超入門』。他に、『知里真志保の「アイヌ文学」』を編集。

＊編集協力　本多 政史（フリーランスの編集者兼ライター）

ヌプルペッ ～登別川の地名由来～

発行日／2021年8月1日　第2版1刷
編著者／小坂 博宣
発行所／株式会社クルーズ　〒060-0004　札幌市中央区北4条西12丁目　ほくろうビル1F
　　　　電話 011-242-8088　http://www.crews.ne.jp office@crews.ne.jp

＊本書の初版は公益財団法人アイヌ民族文化財団の2020年度の助成を受けて発行しました。